共情管理

EMPATHY MANAGEMENT

胡本银◎著

应急管理出版社
·北 京·

图书在版编目（CIP）数据

共情管理/胡本银著. -- 北京:应急管理出版社,
2020

ISBN 978-7-5020-8244-4

Ⅰ.①共… Ⅱ.①胡… Ⅲ.①管理心理学 Ⅳ.
①C93-051

中国版本图书馆 CIP 数据核字(2020)第 136017 号

共情管理

著　　者　胡本银
责任编辑　高红勤
封面设计　异一设计

出版发行　应急管理出版社（北京市朝阳区芍药居 35 号　100029）
电　　话　010-84657898（总编室）　010-84657880（读者服务部）
网　　址　www. cciph. com. cn
印　　刷　北京时捷印刷有限公司
经　　销　全国新华书店

开　　本　710mm×1000mm $^{1}/_{16}$　**印张**　$15^{1}/_{2}$　**字数**　200 千字
版　　次　2020 年 9 月第 1 版　2020 年 9 月第 1 次印刷
社内编号　20200354　　**定价**　49.80 元

序言　不懂共情，我失去了一位优秀下属

我以前做项目经理时，曾遇到过一件非常触动我心灵的事，直到现在我还耿耿于怀。时隔十多年，当我真正体会到了一线员工的处境后，一想起这件事，心头仍然有无尽的遗憾。

当时我手下有一个很能干的员工，我曾经给过他比较高的评价，而且推荐他参与了公司一项重要的项目。可是有一段时间，我发现他干什么事情都没有激情，交到他手上的任务进展得非常缓慢。问一下，他就动一下，不问，他就不动，遇到问题也不主动找我谈。

我对他的这种工作状态非常不满意，也曾找他谈了很多次话，但他仍然“无动于衷”，话也不多说，即便我们之间的谈话有什么问题，也不主动指出和回应。我问他工作中有没有什么问题，他总是说没有。于是我对他有些绝望了。

到了年中绩效评估的时候，我给了他很低的分数。按照这个评分，他很可能会面临被公司劝退的危险。后来，我的上司知道了这件事，问我这是怎么回事，为什么曾经很看好的人现在的表现如此让人

失望。我一时语塞，竟说不上来具体原因。于是我的上司就找他谈话。具体谈话内容不得而知，只知道他被调去了另一个项目组。再后来，不知什么原因，他离职了。

一个月后，在一次闲聊中，我的上司告诉我，他从上次的谈话中了解到，这个下属当时遇到了比较严重的财务问题——面临结婚、买房、为久病的父母治病等，而以他的工资又难以负担得起，以至于他被生活压得喘不过气来，不知道该怎么办，陷入了窘境无法自拔。我一时感觉自己做了一件天大的错事，就如同面对一位腿有残疾的人，我又上前踩了他一脚。

这件事对我的触动很大，让我很久都没有释然，心里一直觉得很惭愧：我当时为什么没有好好跟他谈谈，了解清楚他的实际状况呢？我感觉自己当时的做法无疑是逼走了面临困境的下属。

很多企业领导者在还未发迹的时候，尚且能做到跟下属打成一片，也能理解下属的处境，可是当他们上升到高位拥有了权势以后，就开始自我迷失，自我膨胀——他们能够左右下属的工资、奖金，能够对下属进行赏罚，能够名正言顺地指使下属；他们觉得自己拥有了领导力、影响力和管理能力，做起事情来就有些想当然，不考虑别人的感受。最后，他们往往会发现自己一心为公，努力想把事情做好，结果却是四面树敌、事与愿违。导致这种状况的一个非常重要的原因是：管理者换了鞋子走路，不再能够理解一线员工，失去了共情能力。

就拿我前面讲的自己的亲身经历来说，我当时之所以那么做，主要原因是缺乏共情能力又自以为有正当理由，没能考虑那位下属当时的处境和感受，主观上也不愿花时间了解其消极行为背后的真实原因。

下属在工作中表现得不够积极，背后一定有你意想不到的情况在支配着他。如果你一心只想着解决工作问题，而不去认真了解这些问题背后的缘由，最后往往既伤了下属的心，又破坏了团队的和谐气氛，还不利于业务的开展和团队的发展。

有时候，只有你关注下属，站在他们的角度去思考和感受，才有可能圆满地解决问题。而且这份关注也必须是发自内心的，如果你不关心却装作关心，就很容易被下属察觉，这样一来彼此之间就很难建立起信任。无法获得下属的信任，他们就很难对你敞开心扉。

这也是我找我的那位下属谈了好几次话他都不愿意说出实情的原因——我没有从心底里真正关心过他，我只是从自己的角度和感觉出发，把他当作一个必须解决的问题来对待；我表现出的关心、忧虑都是浮于表面的气泡，一戳即破，只会让他感到厌烦而疏离我。

作为领导者，要关心下属，能够体会他们的处境和心情，使他们感受到被理解、被接纳。你必须收起对他们的指指点点，而且能在面对挑战和困难时陪伴在他们身旁。脱离共情而仅仅依靠冷冰冰的制度和流程，实现高效管理难比登天。

当你在管理上遇到麻烦，就应该回到与下属心与心沟通、情与情互联上来。看看你是否真的关心他们；看看你是否只是想敦促他们尽快完成任务，而不关心他们的目标和情绪；看看你能否设身处地地站在他们的立场去考虑问题；看看你是否尊重他们，给了他们选择的机会；看看你是否为他们创造了成长的条件；看看你的团队是否拥有和谐的上下级关系……

共情力是重要的领导力。具备共情力的领导者，能给团队成员以关爱和理解，形成坚不可摧的团队凝聚力。但是，这种能力并非天生就有，它需要通过后天的学习获得。正如哈佛大学心理学博士、《情商》的作者丹尼尔·戈尔曼所言："虽然人们具备共情力，但要把这些潜质转化成真正的领导力，还需要有意识地去学习和开发，尤其需要我们学会关心人、激励人和凝聚人。"

在《共情管理》这本书中，我结合领导力学、心理学、行为学、情商理论和共情原理等知识，通过11个方面——共情管理的激励因素、共情是信任的基石、"同频"才能"同流"、构建共情的团队氛围、带出"高意愿"、管理重心下沉、共情沟通、理解和接纳员工、尊重和善待差异、共享荣誉和利益、与员工共成长等，向大家展示了如何高效管理团队。

本书直击中国企业领导者在管理中面临的痛点、难点，更适合当今中国管理环境和管理现实之需求，能帮你突破低效管理的症结，掌握具有超强牵引力的管理本领。本书也可以让你更容易地了解员工的心理状态和心理预期，通过更有温度的管理方式影响他们的心理状态和工作状态，实现管理上质的飞跃。

CONTENTS

目录

EMPATHY MANAGEMENT

第一章

哪有什么会管理，不过是懂共情

出色的管理，是管理人的情绪

世界顶级企业领导与变革领域最权威的代言人约翰·科特说："在企业进行大规模变革的时候，企业所面临的最核心的问题绝对不是战略、结构、文化或系统——当然，所有这些问题都非常重要。但核心的问题在于如何改变组织中人们的行为，而在那些比较成功的组织中，改变人们行为的一个重要方式是改变他们的感受。"

简单理解，科特其实是在强调企业变革中员工的情绪和体验，认为成功变革企业的要素中最重要的是人性与实践性。TCL 集团董事长李东生认为，"要让参与变革的所有员工有真正发自内心的深切感受，有满腔的激情与活力，有支持、理解、主动参与变革的心愿，而且把变革的行为固定下来，不断形成企业新文化的一部分"。

毋庸置疑，驱动员工最重要的力量来自于他们对企业和领导者的体验和感受，如果团队管理中忽视了他们的需求和愿望，忽视了他们的情绪和体验感，就很难调动起他们的积极性，团队也就很难发展下去。

那么，如何让员工有这种体验感呢？其核心是要在管理中体现出

“共情力”——设身处地地关注员工的情绪，考虑员工的所想、所需和所求。也可以说，共情力是一种大胆的假想性行为，是虚拟现实的最高境界，即深入他人的思想，从他人的角度体验这个世界。

可能很多领导者会更加倾向于权威式管理，当员工流露出脆弱的一面甚至哭泣的时候，很多领导者会说：“职场不相信眼泪，流泪无法解决问题。把你的眼泪憋回去，去把事情做好！”在这样冷酷的回应下，只有极少数员工能够咬牙挺过来。所以，能否在员工脆弱无望的时候提供支持与鼓励，是领导者共情力是否强大的体现。

出色的领导者能够放下身段与员工打成一片，时刻照顾员工的情绪，想员工之所想。职场有一句名言：“成功的领导者一定是伟大的心理学家。”新上任的领导者尤其要懂得这个道理。他们面对的是一群初次见面的员工，这时候做事的重点绝非是开展业务，而是走近员工，将自己成功推销给员工，这就需要把握员工的心理，而把握住了员工的心理也就按住了员工情绪的脉搏。

心理学中的情绪定律认为，每个人都是情绪化的，不管何时何地做出何种决定，都必然受到情绪的影响，包括理性本身，也是一种情绪状态。也难怪中国商业心理学“教父”顾修全说：“真正的管理是去管理人的情绪。”

管理员工心理及其情绪主要分为四个阶段，即形成阶段、风暴阶段、规范阶段和执行阶段。

形成阶段：让员工放松戒备，拉近与员工之间的心理距离，实现彼此信任。

人往往更容易听从亲近之人的意见，愿意效仿亲近之人的做法，也更希望追随亲近之人。作为领导者，首先要做的是获得员工的信任，成为员工的“亲近之人”。员工愿意跟你亲近，你才有管理的空间。美国管理学家瑟夫·吉尔伯特认为，员工为他们自己喜欢的人做事往往能够任劳任怨、不计得失。将公司变为“机器人工厂”的确能够提高效益，但是“机器人”的使用期限会越来越短，所以，不能“顺应民意”的领导者绝不可能让团队快速发展。

风暴阶段：激发出员工的工作干劲，共同达成目标。

管理团队，最重要、直接与公司效益挂钩的是激发出员工的工作干劲，让他们充满激情地去工作，共同达成目标。美国著名的商业领袖肯尼斯·布兰查德研究发现，在很难找到“铁饭碗”式工作的大环境下，员工最希望从工作中得到什么呢？——开诚布公和机会。你必须让员工信任你，信任公司，同时为员工提供成长和发展的机会。

规范阶段：协调或化解员工之间的冲突，消除员工的抵触情绪。

当员工之间或者员工与你之间发生矛盾时，你不仅要控制自己的情绪，还要控制员工的情绪，而且不能让员工的负面情绪长期积压。心理学中的情感宣泄定律和情绪转移定律指出，如果情感不能及时得到宣泄，会引发心理问题，即便可以克制，负面情绪也会从表层意识转移到潜意识，而且积压到一定阶段，就会如同火山爆发般彻底崩塌。如果不良情绪没有及时得到化解，就会转移给别的员工。

执行阶段：引导员工解决问题，说服员工与你达成一致。

当员工遇到问题时，你该做什么呢？你的首要任务不是解决问题，而是引导员工去思考，让员工自己解决问题。高明的领导者不会让自己陷于具体事务，而是为了营造良好的工作环境和工作气氛而忙碌。所以，高明的领导者说话会有所保留，只告诉员工 80% 的指示。

正如日本著名管理培训师斋藤直美所说的那样，“只要能说到对方心里，能让他‘动心’，你就不会惹人嫌，也不会让对方感到不快。而且他们会自然而然地尊敬你，与你建立起稳固的信赖关系。”

钱不能解决一切问题——六大需求

以行动解决自身的需求，是人的本性。员工一旦有了需求，也就有了达成目标的动力，而且往往会立即将其转化为行动。需求扎根于对自我价值的肯定，是一种心理上的认同和情感上的倾斜。因此，领导者就有了实现“共情管理”的激励因素。

共情力是激励员工的源能力。之所以这么说，是因为很多能力都是从这个“源能力”中演化出来的，如管理能力、职业能力、演讲能力和销售能力等。

因此，你要从员工的情感出发，站在员工的角度去想，他到底需要什么，而不是你可以给什么。只有你很好地满足了员工的需求，才能很好地践行共情管理，员工才会愿意为团队付出。

1918 年，松下幸之助在日本大阪创立松下电器公司。公司最初的产品只是电灯插座和灯泡等小商品。20 世纪 20 年代，日本经济萧条，无数企业破产，但是那时还很稚嫩的松下电器公司，竟奇迹般地挺了过来。

经济萧条之初，松下电器公司正在不停地扩大规模。已经拥有3家工厂和300多名员工的松下电器公司，又新买了土地建总部、新工厂和员工宿舍。可是，人们被那时的经济状况吓坏了，收入减少，生活变得拮据，只能减少开支。销售商发现销售量下降，立即减少了进货量，到后来甚至不再进货了。到1929年时，松下电器公司销售额锐减，产品成堆地积压在仓库。加上兴建了各种新厂房，导致资金链断裂，经济灾难爆发了，公司到了破产的边缘。

松下电器公司的领导者也被吓坏了，他们思前想后，决定裁掉一半的员工来解决目前的困境，但即便如此，公司十几年的努力也将付诸东流。再加上经济危机持续恶化，公司的前景渺茫。他们沮丧地去看望正在养病的松下幸之助。

松下幸之助否决了裁员的提议，他认为，只有稳住人心才能渡过难关。于是他做了一个惊人的决定：产量减半，但是不能解雇任何一个员工，也不减薪，以后员工每天只工作半天，剩下的时间尽全力去推销公司的产品。

领导者中有人不同意，认为工作半天就该给一半薪资。松下幸之助说："现在经济状况恶劣，减薪将降低员工的生活水平，有的人甚至会陷入贫困，在其他地方找到工作的机会也很渺茫，你不能靠压榨员工来摆脱公司的困境。不能解雇任何员工，也不能减薪。"

当公司向员工公布这个决定时，人人欢欣雀跃。工作时间减少，员工有了更多的时间推销产品。很快，积压的货物就销售一空，甚至到了供不应求的地步。

就在其他企业都在裁员、缩小规模的时候，松下电器公司保留了所有员工，而且没有亏待任何一个人。后来，松下电器公司在这次经济大萧条中，不仅没有倒闭，还成功地继续扩大规模。后来即使有人用高薪挖这些员工，也没人愿意离开这个在最困难时仍然为员工着想的“大家庭”。

共情领导力是一种设身处地理解员工的感受、密切关注员工需求的能力，它可以激发员工对工作的积极性，凝聚他们对企业的向心力。

那么，想要通过共情管理凝聚员工，需要关注他们的哪些需求呢？我们可以通过人性的六大需求来解读。

第一个是确定性需求，这是激励的基本因素。

对于基层员工，确定性需求可以理解为员工最基本的安全需求，这是一个必不可少的生存因素。对于北京、上海、广州、深圳等一线城市的公司而言，领导者考虑的是员工能为公司做什么贡献，而员工首先考虑的是晚上住在哪里，住的地方是否安全（特别是女士），每天吃什么。员工首先考虑的是吃穿住行的基本保障，如果这个问题得不到解决，无论怎么凝聚员工的向心力都没有用。

如果你是北京一家刚创业不久的公司老板，你给新员工的基本工资是 4000 元，对于刚毕业没有经验的员工，这个工资或许可以了。

你考虑到公司提供住宿有困难，所以给他们每个月 500 元的租房补贴。你觉得这样安排挺好的，他们可以去合租房子嘛。可是，刚开始一起创业的几个员工都没有留下来，因为他们很难租到合适的房子。后来你改变策略，租了集体宿舍，还专门找一个阿姨负责给他们做饭，这样就留住了很多年轻人。由此可见，基层员工对确定性和安全感的需求非常高。

记住：确定性和安全感是最基本的需求。

任何一个领导者，想要拥有忠诚的员工，让团队的事业得到更好的发展，最基本的是要满足员工的确定性需求。对于基层员工而言，是否有最基本的保障，工作环境是否安全，住的地方是否干净稳定，饮食是否健康，是否可以享受医疗保险，这些都必须考虑。

第二个是多样性需求，也称作不确定性需求。

当你做到第一点——满足员工确定性需求的时候，只是做到了激励员工最基本的事情。如果第一点都没有做到，那就需要自我反省了。六大需求的第二个是多样性需求。多样性就是要给员工不一样的感觉，让员工在公司感受到丰富多彩，感受到一些惊喜，对公司产生好奇和依赖。

那么，要如何满足员工需求的多样性呢？只要领导者用心，就会发现世间有数不尽的方法、惊喜和创意，可以满足员工不同程度的需求。针对那些对变化、丰富性要求比较高的员工，有的公司会经常在他们的工作中加入一些新鲜的元素，如新员工、新产品、新地区、新团队、新挑战、新项目，不同区域员工的联谊或相互学习、跨部门的相互实习、别开生面的员工生日会、给团队额外的奖励惊喜，等等。

有些企业喜欢给员工高强度的工作，像是要榨干员工身上最后一丝价值。但是这样的企业只能让人感到很累，随时想走。只有给员工一个宽松的工作环境，才能让员工感到舒心，愿意留下，而且能愉悦地工作。

企业满足了员工的这两个需求，相信已经拥有了良好的员工关系。如果希望员工忠诚于企业，依赖于企业，长久留在企业，那么企业就要满足他们的第三个需求——重要性需求。

第三个是重要性需求。

满足这个需求就是让员工感觉到被重视，被尊重，被认可。让员工觉得：我是重要的，我是被需要的，我是被认可的。

那么，该如何满足员工的重要性需求呢？

例如，在他们生日、结婚纪念日等重要的日子，总有你给予的问候。这对他们来说重要性就得到了满足，会让员工感受到公司领导者对他们的付出，使他们心怀感恩。这个世界上，感恩的心离财富最近。你是否也曾发自内心地感恩曾经帮助过你的人，感恩自己的父母，感恩自己的同事，感恩自己的客户，感恩你自己，感恩周遭的一切！感恩就要去行动，就要去做一些让别人感动的事情。可以做一面感恩墙，把对公司做出卓越贡献的员工的照片贴上去，为他们祈祷，为他们祝福，为他们写感恩词。

你要经常给你的客户发送感恩的短信，给你的员工送上温暖的祝福，告诉员工他们对于团队很重要，让他们有被需要的感觉。

不但要关心员工本人，还要关心他想要关心的人。关心他的父母，关心他的孩子，关心他的爱人，关心他的事业，总之只要是他想要关心的，你都去关心。记住，亲密感就是共情力。无论是谁，只要你发自内心地去关心他、支持他、帮助他，你们之间就可以建立强烈的共情感。

经常告诉员工，团队需要他们，客户需要他们，让员工有“我是重要的，我是被需要的”感觉。

刘邦之所以能打败霸王项羽，平定天下，靠三句话：

有道理！（认可别人）

我怎么没想到！（让别人觉得自己很聪明）

这对我很重要！（让对方感觉自己很重要）

第四个是爱与连接需求。

设法建立公司内部交流和分享的机制（不仅仅限于工作），和员工走近一点。当你们成为相互分享的对象时，爱与连接就产生了。那么，如何才能让员工感受到你的爱与连接呢？若想与员工心心相通，可以经常和员工在一起聊家常，经常赞许和鼓励他们，在他们最重要的日子送出用心准备的礼物和问候。你可以创造机会与员工联手做一些事情，为员工创造价值，帮助员工实现梦想，这样才能实现你自己的梦想。如果企业的领导者只考虑自己，最多算是个体户，算不上是企业家，企业家一定要带领着团队一起实现共同的理想。

如果一个企业不能给员工团队归属感，就会让员工产生危机感，让他们总担心自己在这个企业的位置不牢固，可能会被裁掉，因此时时都在想着如何跳槽。这样会使员工大多数的时间都在考虑去留问题，而不是如何把工作做得更好。而拥有归属感的员工，能够在工作中释放全部的能力。

第五个是成长需求。

员工在公司能否得到成长非常关键。

例如，很多员工缺乏自信，却能够在公司环境下逐渐建立自信。这就是成长。

例如，销售岗位上的员工，在公司接受培训，提升了销售能力，业绩每年迈上一个台阶，销售能力、管理能力都得到了提升。这就是成长。

例如，客户服务岗位上的员工，在公司能够提升和人打交道的能力，提升客户的满意度。而且在这个过程中，学会了如何打电话、发短信，如何挖掘客户需求，如何聆听客户心声，如何在服务客户的同时达成销售的目标，等等。这就是成长。

再例如，员工在公司的这几年，收入增加，身体状况变好，心态更加积极乐观，等等。这些都是成长。

如果你有好的知识、好的餐厅、好的视频、好的风景，或者好的项目、好的朋友、好的聚会、好的资讯，凡是有助于员工事业发展、家庭幸福、身体健康和生活品质提升的一切，都可以和员工分享，帮助他们成长。

总之，要让员工有真正成长的感觉。

第六个是贡献需求。

每个人都渴望除了满足自己和家人之外，还对别人有贡献。所以，要让团队的成员找到能够贡献团队、贡献客户、贡献社会的感觉。

例如，可以带着团队参加献爱心活动，去敬老院看望老人，去儿童福利院看望孩子，去参加义工活动等，这些都能满足员工贡献的需求。企业可以提供平台和环境，让员工和客户共同参与进来。

公司也可以搭建一个平台，邀请有突出贡献的员工和客户前来演讲，分享他们的故事，让他们有机会贡献自己的知识、能力和爱心。你也可以邀请员工一起去帮助别人，甚至帮助你，发挥他们的优势，贡献他们的才华。

你要根据以上六个方面对症下药、量体裁衣，采取有针对性的措施，从而构建服务员工工作和生活的完善体系。如果每个领导者都能好好研究这六个需求，并脚踏实地地去践行，就不愁带不好团队。

表 1-1 是我经常用到的共情管理的常用方法——“共情管理六需求法”，或许可以帮助你准确掌握员工的需求并相应地强化管理。

表 1-1　共情管理六需求法

<table>
<tr><th></th><th></th><th>第一周</th><th>第二周</th><th>第三周</th><th>第四周</th></tr>
<tr><td rowspan="6">确定性需求</td><td>住宿</td><td></td><td></td><td></td><td></td></tr>
<tr><td>吃饭</td><td></td><td></td><td></td><td></td></tr>
<tr><td>交通</td><td></td><td></td><td></td><td></td></tr>
<tr><td>健康</td><td></td><td></td><td></td><td></td></tr>
<tr><td>薪酬激励</td><td></td><td></td><td></td><td></td></tr>
<tr><td>其他激励</td><td></td><td></td><td></td><td></td></tr>
<tr><td rowspan="7">不确定性需求</td><td>惊喜</td><td></td><td></td><td></td><td></td></tr>
<tr><td>新知识</td><td></td><td></td><td></td><td></td></tr>
<tr><td>新体验</td><td></td><td></td><td></td><td></td></tr>
<tr><td>新技能</td><td></td><td></td><td></td><td></td></tr>
<tr><td>新环境</td><td></td><td></td><td></td><td></td></tr>
<tr><td>新挑战</td><td></td><td></td><td></td><td></td></tr>
<tr><td>新成员</td><td></td><td></td><td></td><td></td></tr>
<tr><td rowspan="7">重要性需求</td><td>肯定员工</td><td></td><td></td><td></td><td></td></tr>
<tr><td>赞美员工</td><td></td><td></td><td></td><td></td></tr>
<tr><td>表示感恩</td><td></td><td></td><td></td><td></td></tr>
<tr><td>提供分享机会</td><td></td><td></td><td></td><td></td></tr>
<tr><td>鼓励成功分享</td><td></td><td></td><td></td><td></td></tr>
<tr><td>员工谈话</td><td></td><td></td><td></td><td></td></tr>
<tr><td>积极反馈</td><td></td><td></td><td></td><td></td></tr>
<tr><td rowspan="4">爱与连接需求</td><td>团队分享</td><td></td><td></td><td></td><td></td></tr>
<tr><td>团队建设</td><td></td><td></td><td></td><td></td></tr>
<tr><td>员工关怀</td><td></td><td></td><td></td><td></td></tr>
<tr><td>员工沟通</td><td></td><td></td><td></td><td></td></tr>
<tr><td rowspan="4">成长需求</td><td>培训</td><td></td><td></td><td></td><td></td></tr>
<tr><td>技能训练</td><td></td><td></td><td></td><td></td></tr>
<tr><td>心态调整</td><td></td><td></td><td></td><td></td></tr>
<tr><td>每天小进步</td><td></td><td></td><td></td><td></td></tr>
<tr><td rowspan="3">贡献需求</td><td>提供支持他人机会</td><td></td><td></td><td></td><td></td></tr>
<tr><td>提供贡献团队机会</td><td></td><td></td><td></td><td></td></tr>
<tr><td>组织贡献社会机会</td><td></td><td></td><td></td><td></td></tr>
</table>

你每周要通过这个表格至少自我检查一次，一次至少满足三项需求，才算合格。

那么，满足六大需求中的哪些需求，最能激励员工呢？

很多人首先想到的是“钱”，它属于确定性需求。根据哈佛大学教授克里斯·坦森的激励理论，确定性需求是共情管理的基本激励因素，其他五个需求是动力因素。在工作中，如果确定性需求得不到满足，员工会感到最直接和显著的不满，所以领导者首先要保障员工的确定性需求，才能留住他们。

但是，满足确定性需求并不是最有效的激励方式。激励理论表明，人的大脑对于满意和不满意的标准是两个分开的独立衡量标准，也就是说你可能同时既爱又恨你的工作。当收入很好时，人们不会对工作感到不满，但是不会爱上工作，更不会对工作充满激情。而真正能让人们爱上工作，对工作充满激情的，一定是工作中的挑战、新鲜感、爱与连接、被认可、觉得自己重要、成长、意义、贡献等激励因素，也就是表 1-1 中的其他五种需求。领导者要根据员工的需求设定奖励制度。壳牌集团的奖励制度就非常有借鉴意义。

壳牌集团对员工的奖励主要包括三部分：

1．物质奖励：工资、奖金、股权等。

出于让员工把工作当作终身事业的观念，壳牌集团更崇尚逐年提高薪金的制度。员工每年会有适当的薪资提高和年终奖金，这种长期的薪酬累积，比短期的分红刺激更能留住人才。

2．精神奖励：企业文化、工作氛围等。

壳牌集团为员工提供了更加自由的工作空间，根据员工的能力和天赋分配工作，每个项目都由思维方式不同、工作方法各异的员工组成，鼓励员工发挥自己的特长。薪酬制度也保证公开透明，而且建立了完善的休假制度，最低年假标准为 15 天。另外还保证自由灵活的工作时间，不实行打卡制度，等等。

3．发展奖励：为员工的职业生涯做规划，关注员工的个人进步。

壳牌集团人力资源部经理曾经说："给奖金会让员工开心，可是如果有员工认为他比另一个人工作更努力，拿的奖金却比他少，那么这样的情绪会在公司内部传播。"

因此，壳牌集团的领导者更注重听取员工的愿望和要求，规划接下来的发展目标，创建独特的个人发展计划。员工每年都有很多机会与世界各地的同行交流，公司还拥有在线的"大学"来培训员工。找到能真正促使员工成长和发展的激励因素，才能让他们爱上这份工作。

缺乏行动意愿的共情更像施暴

管理中不能缺少行动的意愿

说到行动力，你先来做 3 道数学题。

> $0.9\times0.9\times\cdots\times0.9$，10 个 0.9 相乘等于多少？
>
> $1\times1\times\cdots\times1$，10 个 1 相乘等于多少？
>
> $1.1\times1.1\times\cdots\times1.1$，10 个 1.1 相乘等于多少？
>
> 第一道题，10 个 0.9 相乘约等于 0.35。
>
> 第二道题，10 个 1 相乘等于 1。
>
> 第三道题，10 个 1.1 相乘约等于 2.6。

这就像一个十人团队一起工作，决策下达之后，如果员工对这项工作缺乏行动意愿，每人只付出 90% 的努力，那么最终只能达到 35% 的效果；如果每个员工按要求履行职责，则可以收益 100%；若员工自发地多努力 10%，那么最终收益将达到 260%。

把一件事情做好需要两个条件：第一个条件是愿意去做，第二个条件是会做。不管是你还是员工，都需要满足这两个条件：首先是有意愿，其次是有能力。这非常重要，你带领团队时，如果看到某个项目没有结果，经常会认为是行动力不足。但这时，你要分清楚是意愿出了问题还是能力出了问题。按照这个理论，你可以把员工的成长分为 4 个阶段（见表 1-2），从 D1 到 D4，只有工作能力与工作意愿都发展到一定高度的时候，你的团队才能拥有高行动力。

表 1-2 员工成长的 4 个阶段

D1	D2	D3	D4
工作能力弱 工作意愿低	工作能力一般 工作意愿低	工作能力强 工作意愿一般	工作能力强 工作意愿高

→ 行动力

怎样提升员工的行动力呢？

人们普遍把行动力误解为行动能力。实际上，行动力分为两部分，除行动能力外，还有行动意愿。大部分的书或理论都把两者混为一谈，实际上你必须分开来看，否则共情管理难有成效，甚至像是在施暴。

日本社会学家横山宁夫提出了一个著名的观点：自发的才是最有效的，对团队最有效并最持久的控制不是强制，而是触发个人内在的自发意愿。

美西战争爆发以后，美国必须立即与西班牙反抗军首领加西亚将军取得联系。有人向总统推荐说：“有一个人叫罗文，如果有人能找到加西亚将军，那个人一定是他。”关于那个叫罗文的人，他如何拿了信，将它装进一个油纸袋里，打封，吊在胸口藏好，在三个星期内，徒步穿越一个危机四伏的国家，将信交到加西亚手上——这些细节都不是我想说明的，或许大家都了解他的事迹。我要强调的重点是：罗文接到上级的托付，立即采取行动，竭尽全力去完成任务。

每个领导者都希望找到像罗文这样的人为自己工作——不抱怨，甚至不需要上级给出完整的指令，却值得信赖，能够帮助他们“把信带给加西亚”。

我有一个朋友，开了一家废品回收站，总是招不到人。招来了也留不住，员工没有工作激情。我给他讲了三个泥瓦匠的故事：

有人问三个正在砌墙的泥瓦匠：“你们在干什么？”

第一个人没好气地说：“你没看到？在砌墙。”

第二个人心平气和地说：“我们正在建一座高楼。”

第三个人喜气洋洋地说：“我们正在建设美好生活。”

十年过去了，第一个人仍在砌墙，做泥瓦匠；第二个人成了工程师；而第三个人成了这两人的领导者。

这位朋友应该跟员工说：“大家的工作不是收废品，而是每天让地球更加干净，让你的父母和子女生活在更美好的环境中。”

这就是共情管理中的愿景激励。

实现目标，自发是前提，能力是保障。要了解每一个员工乐于从事什么样的工作，抵触什么样的工作，按照员工的工作能力，在原有的分工范围内，进行任务分配。

“同化效应”的感染力

作为领导者，如果做不到严格要求自己，怎么能让员工相信你，与你产生共鸣呢？现代管理学研究表明，领导者的榜样示范作用，会对员工形成切实有效的影响。它不仅表现在日常工作中，也表现在思维方式、行为习惯、表达方式和体态特征上。甚至一些不好的方面，也会对员工造成影响。

所以，如果你总是一副高高在上、置身事外的态度，只懂得制定严格的规章制度约束员工，用冷冰冰、刻板化的指示要求员工去认真遵守，自己却从不遵守，这样的管理就缺少一点点“温情”，势必会造成严重的负面影响——极大地伤害员工的感情，让员工对你丧失信心，使团队走向失败。如果你对身边的人或事缺乏“同化作用”，就很难管理好团队。

曾担任三洋公司董事长、总经理的井植熏认为，规则对包括各级经理、公司总裁、董事长等在内的所有人都有效力，所有人都必须遵守。如果因为自己是领导者，具体的事情有员工去做，就觉得违反规则也无关紧要，是绝对不行的。

井植熏以身作则，在全体员工面前起了表率作用，让全体员工都不仅仅满足于做好本职工作，而且注重个人提升，成为别人的榜样，从而形成广泛的影响。每个人都在为成为“感染力的源泉”而努力，最终才成就了“三洋”这个品牌。

所谓“上行下效”，就是说上面有什么样的榜样，下面就会有什么样的仿效者，如果领导者起着负面的带头作用，就会阻碍团队走向壮大，或者裹挟前景大好的团队走向失败。

所以，要想团队成功，就必须有一个像井植熏这样具有感染力的领导者。他们是自己最严格的监督者，无论什么要求都先从自己做起。这种自律最能感染员工，树立领导者的威信，也是井植熏所谓的“欲善人先善己”的精髓所在。

作为团队领导者，你所表现出的敬业精神，不仅能塑造、提升自己，还能感染员工。你积极上进，你的员工就会受你影响，表现出巨大的精神力量，使整个团队变得积极向上。从这个意义上说，你的榜样作用更像是一种无声的命令，能产生强大的感染力和影响力。

心理学上有个名词叫作“同化效应”，是说团队成员在稳定的工作环境中相处久了，就会出现和谐的局面——你和员工会在行为、思维方式上，表现出惊人的相似性。可见，身为领导者，你的行为方式、性格特点、人生观、世界观等，确实会对员工产生深刻影响。这就决定了你首先必须提高自己的情商，然后利用这种优秀的品格影响、同化员工，使他们形成一个有机的整体。

EMPATHY MANAGEMENT

第二章

共情是信任的基石

有共情力，更容易获得信任

人与人之间的不信任通常源于彼此之间的误解。事实上，这是可以避免的，共情的作用就在于此。所有的人际关系都建立在相互信任的基础上，而一个共情力强大的人更容易获得他人的信任。

著名企业文化与战略专家陈春花在最新研究“未来领导力 CODES 模型”中，通过五个维度对未来领导力的行为特质进行解码时提出：领导力五维之一的共情力是彼此信任与真正绩效的来源。

在团队管理中，如果你没有共情力，你与员工之间就会缺乏建立信任关系的基石。而如果没有信任，工作就无法顺利开展，在分工和合作的现代社会中很难取得成功。如果你能给予员工必要的信任和决定权，将对员工产生强大的精神激励。

通用电气公司前 CEO 杰克·韦尔奇曾自豪地说：“我信任我的员工，他们也信任我。”韦尔奇认为，领导者管得少，才能管得好。他把信任员工和充分授权看作现代管理的真谛，而且将这个理念推广到整个管理层。

福特公司奉行“尊重、信任、放权”的用人之道。公司有一个

"员工参与计划"指出，当一款车型投产前，公司会打破"工人只能按图施工"的规定，把设计方案摆出来，请工人提出改进意见。福特之所以有如此的举动，是因为之前福特公司的多数领导者只相信自己，甚至会经常干涉员工的工作。时间长了，员工就会被束缚住手脚，养成依赖、从众、封闭的毛病，丧失工作的主动性和创造性，最终拖垮整个企业。

古语说的"用人不疑，疑人不用"，强调的是要充分信任员工，才能使团队拥有强大的创造力和凝聚力，这体现了领导者对员工的巨大影响力。如果你把员工当孩子看，员工就会像孩子一样行事。

然而，很多领导者要求员工做任何事情前必须向上级申请，获得批准后才可行动。这样做只会让团队中弥漫着一种"无脑文化"。还有一些领导者禁止员工在上班时间浏览与工作无关的网页。其实这是毫无意义的，因为这段开小差的时间不会变成努力工作的时间，他们总会找其他方法来消磨时间。

为了监管员工的行为，有的领导者甚至使用各种监控软件和设备。如果你打算这样做，你觉得这样的监管方式得花费多少成本呢？为此，你可能需要设置一个职位，而且为这个职位支付一笔费用。你打算支付多少钱给负责监督的员工，而不是投入到更有价值的实用项目中去呢？你想花多少时间去编写可能根本无人理会的规章制度呢？

看看这些成本吧！你可能很快就会意识到：对员工的不信任才是最大的开销。节省这笔费用的最好办法是尊重并信任每一位员工，给员工营造能最大限度发挥他们创造力的空间，不过度干预他们的工作。

当然，要做到这一点并非易事，因为它对员工和整个团队综合素质的要求非常高。如果能坚持一直做下去，就会出现你希望看到的效果。

做团队成员的“定心人”

美国著名心理学家亚瑟·乔拉米卡利和凯瑟琳·柯茜在《共情的力量》中指出，共情有时候其实并不需要做出什么具体的行动，共情是帮助自己和他人树立起坚定的信念。

作为团队领导者，你不仅要有理解员工的情绪并做出回应的能力，还必须树立员工的坚定信念，要有“定人心”的能力，即我们为什么要做这件事，为什么是我们去做这件事。

唐僧师徒能够成功取得真经，最大的因素要归结为唐僧这个领导者的目标坚定，即“心定”。当孙悟空遇到困难要回花果山、猪八戒遇到困难想回高老庄时，当师徒几人在路上遭遇九九八十一难时，当他们面临生死、财富、地位、美女的考验时，唐僧这个领导者一直很“心定”，去西天取经的信念从未动摇过。就是在这样的坚定信念支撑下，他带领团队取得真经，修成正果。

身边经常会遇到这样的情况：四个好朋友聊得很投机，决定一起开公司了。这四个人中，一个有资金，想投资一项新事业；一个会做研发，可以研发出产品；一个对生产环节很熟悉，可以把设计出来的产品生产出来；还有一个擅长销售，可以把生产出来的产品推向市场。四个人感觉合作的时机到了，于是一拍即合第二天就去注册公司开始创业。看似一次完美的合伙创业，结果往往是兄弟式合伙，仇人式散伙。

团队失败的原因有很多，但是如果一个团队不能满足“要有一个核心人物”这个条件，那么失败将是必然。用什么标准来衡量是否有这么一个人呢？那就要问员工这样一个问题：如果团队其他人不干了，你还干不干？

很多时候，员工有比较严重的依赖心理，甚至有占别人便宜的心态。在创业的过程中会面临各种各样的挑战和困难，所以如果所有人都有严重的依赖心理，就会出现其中的一个人退缩了、不干了，其他人跟着打退堂鼓的情况，导致团队维持不下去，心散了，团队也就散了。所以，团队成员一定要很坦诚地问自己、问他人这个问题：如果团队的其他人不干了，我（你们）还干不干？很多领导者没有问过自己，也没有问过员工。

管理团队最难的不是面对市场上的各种风险和竞争对手，而是真实地面对自己的内心。

一个团队中至少要有一个核心人物，他是铁了心干，不管其他人干不干，他都会干下去。只有这样一个人存在，这个团队才会有明天，在遇到各种困难的时候，才会想尽一切办法克服它们。因为这样的核心人物想的永远是如何解决困难、渡过难关，而不是退缩。而那些对其他人有依赖心理的人，一旦遇到困难，就很容易退缩。有的人在遇到困难，外面又出现一些其他的机会时，也许就会动摇、离开。

如果没有这么一个“心定”的人，创业将很难成功。

2014年2月19日，腾讯与大众点评宣布达成战略合作，腾讯将投资、入股大众点评，占股20%，大众点评将保持独立运营。

如今大众点评网晋升为腾讯嫡系，不管将来是被全资收购还是进行IPO（即首次公开募股），结局貌似都在向好的方向发展，但其成长过程中的教训，值得我们特别警醒。

大众点评从打造中国互联网第四大平台到借助腾讯才能继续往下发展，落差可谓巨大。从领导团队的角度来讲，最大的问题是：创始人在独立上市和“卖身”之间摇摆不定。

领导者有些心浮气躁太正常了。站在大众点评的角度上看，有IPO这个目标很正常，估值要达到20亿也算正常。但是要打造中国互联网第四大平台就有些好高骛远了。

例如，它在2013年初发布了一个所谓的平台，但反响平平。开放平台不是你想做就能做到的。如果你是百度公司、阿里巴巴集团、腾讯公司这样的巨头，进行IPO自然会非常赚钱。但是大众点评是什么级别的公司？千万级别的用户数，自己还处在圈用户的过程中，就开放平台给别人？这是制定战略时盲目扩张的结果。

从几年前开始，大众点评要被收购的消息就没断过。一会儿放点风声，一会儿又严肃辟谣，领导层想过底下这些员工的感受吗？创业者和员工是在一条船上，你一会儿说卖一会儿说不卖，领导者的心都不定，怎么让员工定下心来干活？

人心浮动，是领导团队的大忌。整整两年的时间里，各种消息纷至沓来，大家都觉得领导者的态度摇摆不定。找不到坚定的目标，团队难免会泄气！

领导团队最大的忌讳是领导者“心不定”。如果公司遇到困难，领导者就改变经营策略，开始想有没有其他容易赚钱的方法，那么员工也会去想是否有其他的出路。

创业的过程就像一场面试。笔试、初试的时候大家都刚刚创业，实力相当，这时候努力一点、认真一点很快就能脱颖而出，于是有的人二十多岁就做了领导者，有的人也赚到了第一桶金。

到了复试环节，每个人都有自己的特长，聪明才智也不相上下，这个时候再想要胜出就不那么容易了，仅仅靠努力和认真远远不够，不仅要有很强的坚忍精神，还要懂得依靠团队的力量，要懂得“招兵买马”。

过了复试，终极考核就来了。大家都是高手，只能等待对方犯错了，要想轻易击败对手是不可能的。这时候，有些人可能因为之前的成绩而变得刚愎自用、好高骛远，甚至迷失方向、心浮气躁。此时，团队最大的问题是他们自己。

试想，领导者整天在想自己赚钱的事情，不去想公司和员工的事，这就是他心不定。领导者一会儿看这个赚钱就干这个，一会儿看那个赚钱就开始对那个感兴趣，总想走捷径，总想一夜暴富，心情就会变得浮躁。这怎么能聚拢员工的心，最终达成目标呢？

给员工的第一印象决定你的分量

曾经有位心理学家做过这样的实验：他先写了两段话，都是讲一个男孩一天的活动。第一段话主要讲男孩与同学一起上学，课间和同学一起沟通，体育课也积极参与，是个非常活泼外向的男孩。而另一段话将男孩写得特别内向，说他不经常和人说话，下课后安静地在座位上看书，上体育课非常低调，也不愿意参加活动。

随后，心理学家将两段话的阅读顺序做了不一样的安排后，分给了两组实验对象。随后调查两组实验对象对这个男孩性格特征的评价。第一组人中，有将近 80% 的人认为这个男孩性格热情外向，而另一组人中则只有不到 20% 的人认为这个男孩性格外向。

初次见面给人留下的知觉印象往往最为鲜明和深刻，它对人此后的认知会产生较大的影响。在心理学中，这叫“首因效应”，也称为“第一印象作用”或“先入为主效应”。第一印象对人的作用最强，持续的时间也最长。

“首因效应”本质上是一种优先效应，当不同的信息集合在一起的时候，人们总是倾向于重视前面的信息。即使人们同样重视了后面的信息，也会认为后面的信息是偶然的、非本质的。人们习惯于按照前面的信息解释后面的信息，即使前后信息不一致，也会屈从于前面的信息，以使整体一致。

交流时给人留下的第一印象，即好感度，是产生共情的基础。给人第一印象非常好、好感度很高的人，通常会给人留下相处很舒服、值得信任的感觉。有了良好的第一印象和信任感，会让人觉得很“靠谱”，这就为以后的管理和合作打下了基础。

因此，在管理中，你给员工的第一印象往往会决定你未来在员工心中的分量。如果你一开始就嬉皮笑脸，给员工不正经的感觉，那么此后你在安排工作时，员工也不会太当回事儿，该认真对待的事务，他们也不会认真对待。如果你一开始就非常严肃，那么给员工派发工作时，员工就会产生“上司这么严肃，我可不能过于放松”的感觉。

一家公司的经理上任伊始，一改前任领导者做事拖泥带水的风格，决心整顿公司事务，而且制定出了相应的对策。他带头遵守公司的新规章，但效果并不理想，经过了解，才知道公司员工对他持观望态度，不太信任他的能力和专业水平。

鉴于此，经理决定亲临第一线，与销售人员一道奋战。一个月后，公司业务量大增，效益也大幅度提升，员工赞叹声一片。从此，大家都以经理为榜样，勇于承担责任，积极工作。

领导者的举止谈吐、为人处事的方式、穿衣风格等也会给员工留下一定的印象，如果印象好，那么日后的管理工作就会轻松很多。

当你第一次与员工见面时，你在观察员工的同时，员工也在观察你，而员工在心里为你打的分数，往往能够左右你之后的管理工作。那么，我们该如何树立良好的第一印象呢？

社会心理学家艾根提出了一个 SOLER 模式。S 即 Squarely，指在站或者坐的时候，要面对员工；O 指 Open，指姿势要开放；L 是 Lean，身体微微前倾；E 是 Eye，表示目光要有接触；R 指 Relax，表示要放松。也就是说，你在与员工沟通时，全身要尽量放松，身体微微前倾，面带笑容，正对着员工，双手十指尽量不要交叉，从而给员工一种轻松温和的气氛，让他放松警惕。

此外，美国著名心理学家和人际关系学家卡耐基也提出了一些建议，即，真诚地表示对员工的兴趣；多微笑；在谈话中多提及员工的名字；员工说话时要安静地倾听，鼓励他多谈论自己；谈话内容主要倾向员工感兴趣的话题；让员工感觉到他受到了关注和看重。

“自我暴露”就是在推销你自己

在一次聚会上，销售部经理安德鲁先生安静地坐在一旁听员工和同事们唱歌。他戴着大大的黑框眼镜，穿着黑裤子、白衬衫，一直温和地微笑着。没过多久，一些员工开始起哄：“安德鲁经理，去唱一首吧！五音不全没关系，大家就是图个热闹！”安德鲁经理一开始是推辞，这时平级的同事也走过来说：“‘破锣嗓子’，快去唱一首吧！虽说唱得不够好，但没关系！”

禁不起大家的盛情邀请，安德鲁经理推了推眼镜，走上台。他一脸严肃，站得非常笔直。然后深吸一口气，开始唱道：

“Day after day，time pass away. And I just can't get you off my mind—”

在座的所有人都正襟危坐，充满期待，当安德鲁经理唱到“pass away”时，终于忍不住大笑起来。但是安德鲁经理丝毫不受影响，继续认真地唱着“get you off my mind—”，而底下的人早已笑得前仰后合了。

说来奇怪，每次安德鲁经理唱这首歌时，总是慢半拍，开头“Day after day”的时候还好，但是到“And I”就会不知不觉地慢下来，再加上他表情严肃，更是让人乐不可支。

这种事情不是第一次发生了。尽管安德鲁经理被同事们戏称为“破锣嗓子”，但是每到聚会时，大家总会让他上台唱一首，他也因此在同事间大受欢迎。同事们的笑并不含蔑视讥讽，而是感谢。安德鲁经理在严肃的聚会上缓解了紧张的气氛，给大家带来了欢乐。安德鲁经理性情温和，每次聚会，只是安静地待着，即便和同事沟通，也会尽量避免提及工作。每次唱歌的时候他都一脸认真地唱同一首歌，同事们也不觉得腻，每次听到都会“毫不给面子”地笑得喘不过气。

心理学中的“自我暴露定律”认为，在人际交往中，适当地展示自己的真实情感和想法，更容易获得对方的信任、理解和支持。这也是与他人产生共情、共鸣的前提。一些研究交际心理学的专家也曾指出，让别人看到自己的缺点或弱点，对方才会觉得你真实可信，不虚假，进而产生亲近感；而完全把自己隐藏起来，就会给他人留下造作、虚伪的印象。

从你的角度来说，与员工沟通，实际上是向员工推销你自己，进而与员工处好关系，以便日后与员工的合作更加和谐。如果你在沟通中不谈自己的事，那么必然会与员工产生距离感，这样他们也不会与你产生共情，也就不可能产生亲切感和信赖感。

实际上，距离感是员工羡慕与嫉妒的混合体。《心理学大辞典》中这样说：“嫉妒是与他人比较，发现自己在才能、荣誉、地位或境遇等方面不如别人而产生的一种由羞愧、愤怒、怨恨等组成的复杂的情绪状态。”在团队管理中，如果一个人的能力太强，就容易被人嫉妒，上司也不例外，当上司表现得过于完美时，员工的心理总会有一些不平衡，距离感也就自然而然地产生了。

此时，适当地暴露一些缺点和问题会让员工产生“啊，原来他也会犯错误，他也只是个平凡人”的感觉。这就为彼此“共融共通”打下了基础。

但你也要注意，暴露自己得有个“度”，暴露过头反而惹人讨厌。在与员工交流时，如果你暴露自己的程度与员工暴露他们自己的程度相适应，员工就会对你产生好感。反之，如果你暴露过头，员工会觉得有压力，如果你暴露得过少，员工又会觉得你没有诚意。

此外，初次和员工沟通时，不宜暴露过多，而要循序渐进，一次只谈一点点，这次比上次多谈一点点，不要让员工感到意外。过于急切地暴露自己，反而会让员工认为你不稳重，不值得信任。

不要失信于员工

爱尔兰有一家著名的威士忌酒公司，每年销往世界各地上千万瓶威士忌酒。面对大好的形势，公司总经理莱昂纳德为公司设定了新的目标——要在新的财年里实现销量和利润翻倍，而且承诺会在圣诞节给每一位员工发一个大红包。

然而，由于制造环节的失误，销往挪威的一批威士忌酒被检验出苯含量超标，结果价值上千万欧元的货物被挪威海关收缴销毁，而且需缴纳挪威食品安全部门开出的巨额罚款。这样的境况让莱昂纳德的计划破产。

莱昂纳德为此接连召开紧急会议。有人提议不再发放圣诞节奖金了，这样就能省下一大笔钱来交罚款。

莱昂纳德却不这样认为，他认为之所以造成当前的窘境，是因为公司的失误而非员工，而且全体员工都已经对这份圣诞奖金期待已久，如果公司到时候不能兑现承诺，必将导致公司在员工心目中的威信尽毁。这是公司无法承受的结果。显然，与当前的资金损失比起来，失信于全体员工要严重得多。

于是，在莱昂纳德的坚持下，当年的圣诞节奖金按时发出，这也让公司的经营状况雪上加霜。但此举赢得了全体员工的好感，使他们凝聚起了更加强大的力量。终于，在接下来的一个财年里，全体员工在总经理莱昂纳德的带领下，打了一个漂亮的翻身仗。

莱昂纳德的威士忌酒公司之所以能获得成功，是因为管理团队对“承诺”的重视和全体员工的尊重，这种发自内心的真诚，让员工愿意与窘迫的公司一起面对困境。

在员工心中，你代表了一种信誉，这种信誉是你强大共情力的表现，也是一份对人对己的责任。信誉是你影响力的来源，真诚又是判断你能否受人尊敬最可贵的品质。如果你想打造一个言行一致、不找借口的优秀团队，作为企业文化传播者的你，必须讲信誉，必须说到做到。如果你无法兑现自己的承诺，给员工开“空头支票”，就会让这种威信大打折扣，员工也会对你失去信任与好感。

EMPATHY MANAGEMENT

第三章

“同频”才能“同流”

和员工的意愿“同频”

作为领导者，你可能会碰到与员工意见相左的时候，你会怎么做呢？你会从自身的经验和立足点出发，直指问题的本质，给出解决方案吗？

你有没有想过，如果员工本来就没有改变的动力，或者没有成长和进步的意愿，那么纵然你表现出强大的意愿强迫他们，也不会有太大的效果。就像你可以很轻易地把马牵到河边，却不能让不想喝水的马喝水一样。

所以，在团队管理中，你一定要注意，不要试图主动帮员工做决定——尤其是在员工本就没有意愿的时候，帮他做决定只会适得其反。

只有当你收到员工的邀请——向你主动询问解决问题的建议时，你才可以去帮助他们。因为唯有这个时候，员工的学习欲望才与你的指导欲望达成一致，指导才能真正起作用。从某种意义上说，这是你与员工实现了“同频”。可惜很多员工不愿主动学习，或者在你指导时明白了，不久后便忘了，甚至事后不予理会，依旧按照自己的老办法做事。

著名拳击教练艾迪·汤姆培育了许多世界级的选手。他通常会先问他的拳手一个问题："当对方这样进攻时，你该如何应付？"对于艾迪·汤姆的问题，拳手不仅生出被尊重的感觉，而且想表达的欲望也得到了满足。他们会认真思考后说出自己的想法，可能想法并不完全正确，但在艾迪·汤姆不断发问、解答之后，拳手一般都会给出最接近正确答案的回答。此时，艾迪·汤姆才会说出自己的建议。通过这种"练习—思考"的方式，艾迪·汤姆的指导产生了非常大的效力。

日本精神病学家森田正马博士生前创造了一套"森田疗法"，来治疗精神病患者。其中有一种"卧褥疗法"，是让患者住在一间没有电视、收音机，甚至没有机会与他人交谈的单人病房里。到了用餐时间，护理人员将餐点送进去，然后一声不响地离开。除了睡觉之外，患者就有了静下心来思考的时间，便能全然沉浸在"自我"的世界，对自己的烦恼进行追根究底式的思考，甚至不得不承受辗转反侧的痛苦煎熬。经过这个过程之后，他们大多会"顿悟"，然后情绪逐渐恢复平静。

"森田疗法"对于作为领导者的你来说，可能非常实用——通过员工心理上的"饥饿感"，来实现帮助员工成长和学习的目的。

有一点需要注意，就是共情≠给建议。给建议是共情管理中最常遇到的障碍。有时候，遇到烦恼的员工只是想发泄一下情绪，可是理性的领导者一听，立即开启说教模式，"这肯定是你哪里没做好。

下次你遇到这种情形，应该这样才行……”结果反而加重了员工的烦恼。

领导者这样做，有时也会招来员工的反驳。“这个建议我试过了，没有用。那个我也试过了……”不但员工的情绪得不到缓解，而且由于许多方法不奏效，反而带来了更多的沮丧。

在激发员工学习欲望的同时，你必须克服自己的冲动，做一个不“好为人师”的领导者。员工向你询问解决问题的建议，可能只是需要你给出一个指引，然后由他自己思考合理的解决办法。

因此，在管理中，领导者应主动与员工的意愿实现“同频”。从员工的角度出发，以引导的方式找到解决员工烦恼、实现他们成长的最佳方式。

要懂得向员工“示弱”

一家公司做了一次重大的人事调整：将一个重要业务部门的经理约翰森撤下，换上了奥斯顿。

这次“走马换将”让许多人大跌眼镜。因为无论从业务经验还是个人素质来说，奥斯顿都远远不如约翰森。约翰森不但作风强硬、雷厉风行，而且有近十年的经验，可以说是一个标准的“业务油子”。虽然奥斯顿工作年限不短，但相关业务经验并不多，接手业务不过一年多，对业务的了解程度甚至还不如员工。

两人之间的差距如此明显，主要差距不是“做事”，而是“做人”。

约翰森自恃资格老、业务水平高，管理手段非常强硬，处处以铁腕“治军”，导致很多员工难以跟上他的节奏，却敢怒不敢言。时间一长，员工逐渐失去了斗志，开始机械性地应付工作，部门的业绩也开始下滑。

约翰森却认为，业绩下滑恰恰是由于管理还不够“铁腕”，于是作风更加彪悍，随之而来的是业绩更加迅速地下滑，形成了恶性循环。

经过一番思考与权衡，公司领导者终于做出撤下约翰森换上奥斯顿的决定。奥斯顿的个性与约翰森不同，他有点“妇人之仁”，一个大男人看悲情电影都能掉眼泪。

但这只是看上去的“柔弱”，奥斯顿也有着“绵里藏针”的一面。虽然他刚进公司不久，但领导团队的能力很强，走到哪儿都能拉出一个战斗力极强的队伍。公司正是看中了他这一点，才会不计其业务能力弱的缺点，大胆起用。

令所有人想不到的是，奥斯顿居然只用了短短两个多月时间就让局面大为改观，部门业绩快速提升！即使是那些当初对奥斯顿最有信心的人，都没有想到变化会如此迅速，所有人都不敢相信自己的眼睛！

奥斯顿到底是怎么做到的呢？

原来，奥斯顿上任后，并没有摆出一副“高高在上”“新官上任三把火”的架势，更别提什么“铁腕治军”了；相反，他不断地向部门员工诉苦，说自己没经验，上级领导替他揽下了这份差事，简直是把他放在火上烤。

所以，他恳请大家“多多关照”，别让他被炒鱿鱼。随后，奥斯顿施展出他过人的人际交往本领，迅速在员工中积聚了人气。由于奥斯顿总以“外行”的身份自居，给了员工充分的授权，也给了他们最大限度自由发挥的空间。

奥斯顿还会时不时地使用“苦肉计”，向员工诉苦，如“我今天又因为你们挨骂了，拜托大家多帮忙！你们业绩不好，下一分钟我可能就要收拾东西走人了”。

在这种不是“铁腕”却胜似“铁腕”的巧妙策略刺激下，员工个个都像上紧了发条的闹钟，干劲儿一个比一个高，最终造成了这个“奇迹般的局面”。

奥斯顿成功的秘诀，就在于他巧妙地运用了“示弱”。

其实，不管在哪个公司，业务部门的员工基本个个都是“人精”，根本不需要领导者过多的管理和指示，只要把他们的潜能最大限度地激发出来，提高业绩是水到渠成的事。约翰森的“铁腕政策”带来了“过度管理”的弊端，反而束缚了大家的斗志。而奥斯顿的“示弱”恰恰完美地弥补了这一点。

由于奥斯顿人缘很好，让部门员工本能地产生了一种“无论如何要保住他，绝不能让他被炒”的强烈动机，因此最大限度地发挥了自身的潜力和主观能动性。在这个共同目标的激励下，最后创造出了骄人的业绩。

从心理学角度来看，每个人都容易对他人的痛苦产生共鸣。当看到他人受苦时，很容易就会联想到自己受苦时的样子，从而激发出一种想要帮助他人的强烈意愿，这就是共情。而且越是强大的人示弱，越容易激发人们的共情心理。

作为领导者，在普通员工看来，你拿着高工资，拥有更大的权力，在安排工作时很有威信，怎么看都与“弱”这个字不沾边。不过也正是因此，当领导者示弱的时候，更容易让员工生出共情心理，在这种心理的带动下，更能产生努力工作的动力。

"自己人效应"的心理机制

有一个很有趣的心理现象：如果两个人有相同的经历，特别是非常痛苦、不堪回首的经历，他们的交情就越深。当人们陷入困境时，总会先寻找可以依靠的人或陷入相似困境的人来互相依靠。走出困境之后，对方在自己心里就会留下非常深刻的印象。

实际上，即便没有共同经历，仅仅是有类似想法的人，也能互相产生同理心和好感。也就是说，人们往往会对与自己有共同之处的人产生共情心理。甚至是你之前讨厌的人，当他发现与你有共同或类似的经历时，他也会转变原来对你的看法。

美国著名的外交家本杰明·富兰克林在宾夕法尼亚立法机构任职时，有位立法者是其政敌，他非常顽固，对富兰克林相当不友好。每次见到富兰克林从不打招呼。但富兰克林在工作上非常需要他的帮助，于是他想了一个办法化解矛盾。

一天，富兰克林得知他手中有一本非常珍贵的书，于是给他留了张纸条，表示希望能够借这本书看一看。他立刻把书借给了富兰克林。

一周后，富兰克林采取同样的方法，将自己阅读之后的收获写在纸条上，同时表达了对这本书的赞美和欣赏，然后将纸条递给了他。后来，当富兰克林在国会上见到他时，他非常礼貌、热情地跟富兰克林打招呼。之后，富兰克林和他成了好朋友，他也向富兰克林表示，不论何时需要帮助，他都会尽全力去做。

后来，富兰克林说，自己从未想过需要让步来获得他的帮助，只有寻找共同点，让他对自己产生好感，才能化敌为友。两人成为好友后，他们的友谊一直持续到富兰克林去世。

两个人的价值观或对同一件事情的态度越相近，彼此之间的吸引力就越大，也就更容易产生共情。这从彼此说话的语气中就能感觉到。如果让对方认为你跟他是一类人，至少从一些方面来说你们之间存在共通点，这就能够让对方更喜欢你，你说的话在他心中的影响力也就更大，相对于其他人来说，他对你的信赖度也会更强。当你告诉朋友自己的一个特殊习惯或喜好时，如果朋友也有，那么他会特别激动，语速加快、语调提升，而且会急切地跟你说"有的，有的！"。这样，他对你的好感也会更进一步。这就是引发共情的"自己人效应"心理机制。

在管理中，你也可以用这种方式。有时候，员工对领导者总会有一些怀疑和戒备，可以通过寻找共同经历，获得与员工之间的共鸣点来打破这层戒备，拉近与员工之间的心理距离。

共同经历是连接彼此情感的纽带，不管是你对员工，还是员工对你，这样的经历都会让你们之间找到共同的话题。通过在这个话题上进一步对话，从而让员工认为你是“自己人”，员工对你的好感度就会进一步增加，你也就更容易了解他们，知道员工工作的目标和需求，了解他们遇到的具体困难，你说的话也会更容易传达到他们心里。

“同调”心理与团体一致

心理学家经实验发现，人们的行为中存在一种“同调”。当一个人周围的大部分人都做同一件事情的时候，这个人也会跟随他们去做这件事。这样的行为也被称为“同调行为”。

这个实验是这样的：心理学家让实验对象在马路上集合，然后同时往天上看，心理学家则负责观察路人的反应。结果发现，在这群实验者的影响下，往天上看的人越来越多。经过统计发现，如果五个以上的实验者这么做，周围能够迅速聚集起一大片人同时往天上看；如果有三个人，那么路过的人中至少有 60% 的会往天上看。

有很多实验表明，一个人的态度、判断和兴趣，会因为他所处的小环境的改变而有所改变，趋向于同这个小环境一致。对于那些没有主见的人，如果想让他们同意你的意见，最好使用“群体战术”，使他们在“同调”心理的影响下，最终与你的小团体一致。

在心理学中最影响“同调行为”的因素是采取这种行为的人员数量。而在管理学中还有一个影响因素，就是采取这种行为的人在小环境里的影响力，影响力越大，人们就越容易出现“同调行为”。

井植熏是日本著名家用电器制造公司三洋公司的创始人之一。他曾在松下幸之助创建的松下公司，后来逐渐成长为具有超凡经营管理才能的领导者，而且为松下公司的发展立下了汗马功劳。

1931年，井植熏被任命为松下公司的主任。由于井植熏在第一工厂表现出色，他被任命为第八工厂的厂长。

第八工厂以收购干电池为主，工人的文化水平普遍很低，生产方式也非常落后。管理这样一个工厂对井植熏来说是一次非同寻常的考验，何况全厂没有一个他认识的人。

到厂的第一天，厂里的一帮黑脸大汉就给他来了个下马威。因为工厂劳动保护条件差，加上长期与制造电池的原材料黑铅和锰矿粉接触，又没有环保意识，这些人的脸都被熏得漆黑。他们根本不把白白净净的井植熏放在眼里，当面嘲笑他是个“白脸小和尚”。井植熏对此毫不在意，他首先想到的是要把生产搞上去。

但是，由于工人对井植熏有抵触情绪，所以他的工作开展得很困难。这时如果他只以厂长的名义去发布命令，以势压人，很可能会激起他们更强烈的对抗，以致最后一败涂地。

于是他一方面向工人宣传流水线的诸多好处，一方面想尽办法化解大家的抵触情绪。从小练就的酒量这次帮了他大忙。在工人们中间有一种普遍的认知，大家都认为能喝酒的男人是真正的汉子，而真正的汉子才值得大家尊敬。了解到这个情况后，井植熏便开始常和工人一起喝酒，而且表现出很能喝的派头。

有一次他对在工人中颇有威信的几个人说："今天咱们放开喝，谁最后一个醉，今后就要听谁的。"喝酒其实也有不少学问。刚刚干完一天活空着肚子立即喝酒，没几口准得醉倒。有些人也知道这个道理，就吃得饱饱的再上阵，但往往醉得更厉害。井植熏却有自己的心得，就是饮酒之前喝大量的水，酒精会随水分而加速排出体外。

一个是有备而来，一个是仓促上阵，自然胜负立判。几轮下来，工人们开始佩服这位新上任的厂长了。不干则已，干就干到底。不久，他又邀请 5 个最爱喝酒的工人一起比赛。结果又是他赢。

从此以后，这帮黑脸大汉个个都很服他。抵触情绪一消失，干劲自然就高了，管理对路又上下齐心，生产很快搞上去了。

这件以酒服人的事连井植熏也津津乐道。自从降伏了那帮黑脸大汉后，井植熏的工作越干越顺利。

作为领导者，部门中难免有一些不太听话的员工，管理这类人员最好的办法是通过共同事物跟他们保持"同调"，拉近和他们之间的心理距离，从而"征服"他们。

这个过程中，关键点在于如何联结员工的感受和需求。你和员工生活、工作在同一个大环境下，所以要先从自己的需求和感受来认知员工的需求和感受；当看到员工情绪低落的时候，想想自己难过的时候可能有哪种情绪，弄清楚他们为什么难过，还要弄清楚满足这些感受和需求的方式。等自己的感受和需求都搞清楚了，自然就能够比较清楚地认知员工的感受和需求，这样才能更容易与员工保持“同调”，实现共情。

从双方都认同的地方入手

美国西屋公司有一个叫亚力森的推销员，他花了很大的力气，才说服一家大工厂的工程师史密斯买了两台发动机试用。但是他的目标是卖几百台发动机给史密斯，因此几天后他又去找史密斯了。

没想到史密斯说：“亚力森，你们公司的发动机太不理想了。虽然我需要几百台，但我不打算要你们的。”

亚力森大吃一惊，问：“为什么？”

“你们的发动机太热了，我的手都不能放上去。”

亚力森知道，跟他争辩不会有好处，于是急忙采用了另一个策略。他说：“史密斯先生，我想您说的很对，发动机太热了谁都不愿意再买。您要的发动机热度不能超过有关标准，是吗？”

“是的。”

“电器制造公会规定发动机热度可以比室内温度高华氏72度，是吗？”

“是的。”

“那您的厂房有多热呢？”

“大约华氏75度。”

“这么说来，72度加75度一共是147度。把手放在华氏147度的热水塞门下面，想必一定很烫手，是吗？”

紧接着他建议说：“那么您不把手放在发动机上，行吗？”

“嗯，我想你说得不错。”史密斯赞赏地笑起来。他立即把秘书叫来，开了一张价值35000美元的订单。

这个案例告诉我们一个道理：当你只从一个角度思考问题时，就会一直从这个角度思考下去，这就是心理学中的思维惯性，也是为什么有些人一旦沉浸在某些消极的想法中之后，就深陷其中难以自拔。在思维惯性的作用下，当对方提出某个情境，然后告诉你因为这个情境他产生了怎样的情感时，如果你一个劲儿跟他说“你的情境有问题，这个不对……”，对方可能会不想跟你说话，因为他觉得你根本没有认真听他说。这种情况在人们生气的时候显得尤为明显。

其实你可以换个角度去说服对方：顺着对方的情境去思考，因势利导，不要总跟人家说你不认同的地方。相反，你要告诉对方你赞同的地方，然后慢慢分析你们之间的分歧。

在管理中，你可以试着运用上述原理与员工取得一致。在和员工讨论某个问题时，不要一开始就将双方的分歧亮出来，这只会让你们的沟通草草结束，而且也容易影响上下级间的和谐关系。你可以从双方都认同的地方入手，先讨论彼此容易达成一致的东西，然后慢慢将有分歧的部分纳入讨论中，这时对方已经在你的诱导之下习惯了你的思维方式，更容易赞同你的观点，甚至有可能会提出你想要的观点和方法。

和员工摆在同一个水平线上

1964年，日本轻型电器业因受经济不景气的影响而动荡不安，松下公司也未能幸免。为了改变公司的现状，松下公司在热海召开了全日本销售会议。

当时，松下幸之助任董事长，面对170家有实力的销售公司，彼此坦诚地交换了意见。参加会议的公司中，只有20多家经营状况良好，其他公司基本上都出现极严重的亏损，会场中充满了火药味。

“有什么意见都可以说出来！”松下先生一语未了，一个销售公司的经理立即连珠炮般发泄出不满：“今年的赤字如此高，主要是松下公司的指导方针太差，作为公司的总负责人一点儿也不检讨自己是否有不足之处……”

松下先生反驳道：“我们的指导当然有不足之处，可是再怎么困难也还有二十几家公司获利。各位不觉得是你们太缺乏独立自主的精神，太依赖他人，才招致今天的恶果吗？”

“还谈什么精神，我们今天来的目的不是听你说教，是钱的问题！"有人露骨地反唇相讥。

于是，松下先生就站在台上不断地反驳销售公司经理的意见，而他们也立即反击，大骂松下公司，眼看即将决裂。

第三天，在最后一次会议中，松下先生走到台上，一改前两天的态度，诚恳地说："过去两天多的时间，大家相互指责，该说的都说了，我想现在应该没有什么再说的了。不过，我有些感想，给大家讲讲。走到今天这个地步，所有责任我们都要共同承担。松下公司有错，身为最高负责人，我在此诚心向大家道歉。今后我们将会精心研究，同时考虑大家的意见，不断改进。最后，请大家原谅松下公司的不足之处。"

松下先生说完，向大家深深地鞠了一躬。

突然间，会场上出现了不可思议的场面——整个会场顿时静了下来，每个人都低着头，半数以上的人还拿出手帕擦泪。

"请董事长严加指导。我们的缺点太多了，应该反省，也应该加油去干！"

随着松下先生的道歉，人们思潮翻涌。随后又相互勉励，发誓要振作奋起。

故意贬低自己并不是自取其辱，而是高情商的表现，这样能够将地位悬殊的双方摆在同一个水平线上以产生共情，减少交往中可能出现的不满或嫉妒。

心理学家认为，人和人之间互相信任、互相接纳的程度取决于双方在对方面前暴露的程度。人们对很有能力、几乎完美的人，并不怎么亲近，反而是仰视，而仰视并不意味着喜欢，有可能是敬而远之。

从领导者的角度来讲，虽然员工崇拜你，但不一定愿意与你亲近。这时候，你就要适当地暴露自己的缺点，这样才能和员工处在同一个水平线上，让他们更愿意与你“同频”。

在特殊时期的自我贬低往往能够取得更好的效果。例如，当某个项目出现问题或者发生失误时，员工可能知道是哪儿出了问题，但是碍于面子或其他原因，总想将责任推给别人。这时候，如果你首先承认错误，表达自己的歉意，就能够激发起员工的羞愧心，促使其改善自我。

EMPATHY MANAGEMENT

第四章

构建共情的团队氛围

让大家相信自己在做有意义的事

戴维是一家跨国公司的高管。过去20年里，他曾做过洗碗工、餐厅招待员、设计师、程序员，还当过CEO。在跨国公司里负责过供应链建设、企业并购、企业战略管理等，现在负责创新业务。

早年，他从工程师父亲那里看到如何让大家为了一个共同目标而努力，从摄影师母亲那里看到如何跟人建立关系。而在自己十几年的经历中，戴维认为有一样东西可以串起来，就是不断把团队成员凝聚在一起，让他们看到一个目标，共同为此奋斗。就像画画一样，一开始可能画的是很小一幅画，后面越画越大。回归到本质就是如何让所有人看到一个共同的目标，把大家聚到一起来。

戴维这些年来反复做的是同样的事——不断在使命和愿景的层面激励员工，同时不断给员工压力，让他们突破自己。戴维认为，领导力最核心的是共情力。“我们具有非常强大的力量。在我领导团队的过程中，我不断感受到这个力量是所有事情的核心，这个最强大的力量是共情力。”

拥有共情力的领导者能统一员工的愿景，让大家相信自己做的事情有意义，凝聚员工为共同的目标努力。一个优秀的领导者应当展现的显著特征是对目标拥有坚定的信念，对未来充满希望。员工的愿望和动机，应当成为被关注的焦点，而且以此为基础形成团队的共同愿望和目标。

就像《西游记》中的“唐僧团队”一样，唐僧对西天取经的目标，表现出了坚定、执着的信念，而且不时把这种信念传递给徒弟们。为了实现西天取经这个宏大的目标，唐僧表现出了令人敬佩的坚定决心，即便面对的是“豺狼虎豹出没，妖魔鬼怪横行”的“不归路”，也表现出了“风萧萧兮易水寒，壮士一去兮不复还”的悲壮、豪迈气概。这让他成为一个天然的领导者。

这种义无反顾的精神，是“唐僧团队”西天取经途中不可或缺的。纵观整条取经路，孙悟空曾数次“擅离职守”，猪八戒多次叫嚷“散伙”，让“唐僧团队”一度摇摇欲坠，濒临瓦解。由于始终有唐僧在，取经团队虽久经磨难却始终不散，最终成功到了西天，取回真经。作为取经团队的核心和领导者，唐僧出色地履行了自己的职责。

沃顿商学院教授罗伯特·豪斯认为，你要表现出对信念的执着和对前途与目标的丰富想象力，即使事业处于低谷期或一穷二白阶段，也要帮助员工执着于自己的初心。

要想把这种坚定的信念传递给员工，首先，你要忠诚于信念，规范自己的言行、举止，让员工相信你的能力和人格，这样才能聚拢优秀人才到你的身边来，一起去实现团队的目标。员工感受到了你的这种执着，也会把它化作动力，努力去实现目标，这样整个团队就实现了“共频”。

所以，作为领导者，你在面对任何困难时，都要向员工传达坚定的信念。它可以让你战胜挫折、赢得机遇，战胜工作中的困难，让员工更愿意留在你的身边，与你共同奋斗。

1945 年 9 月 2 日，日本投降仪式在美军“密苏里号”战舰上举行。

当五星上将麦克阿瑟即将代表盟军在受降书上签字时，他突然停下来，转过身来招呼陆军少将乔纳森·温斯特和陆军中校亚瑟·帕西瓦尔，请他们站在自己的身后。签字仪式结束后，他将签署英、日两种文本受降书所用的五支笔中的两支，分别赠送给温斯特和帕西瓦尔。

麦克阿瑟的这番举动，让在场的所有人都感到震惊，因为温斯特和帕西瓦尔是“败军之将”，都在开战不久后便被日军俘虏，但他们也很快想起了这两个人都是在率部苦战后因寡不敌众，奉命放弃抵抗的。

他们全都忍辱负重地接受了战俘营的生活，几年下来已经面容憔悴，此时正需要这种鼓励。麦克阿瑟正是希望通过对他们信任的举动，激发他们对未来的信心。

作为领导者，你除了关注少数取得成功的员工，还必须对那些曾经辛勤工作却不太成功的员工施与关注，或鼓励，或表扬，帮他们重拾信心，激发他们的潜能，让他们为了团队目标的实现而继续努力。

就像唐僧取经路上会遭遇“八十一难”一样，如果你在经历磨难的时候也能像唐僧那样仍想着团队目标，懂得适时激励员工，员工就愿意与你一起奋斗。

每个员工都具有极大的潜能，如何有效运用共情力促进他们开发潜能，是你应该一直深思的问题。

做个能扛事的领导者

1976年，乔布斯和沃兹尼亚克成立了苹果公司，公司地点就在乔布斯家的车库里，没有员工，只有他们两个人和另一个合伙人。

当时，乔布斯利用自己的公关能力，找到了当地的一家电脑经销商，介绍了在今天看来具有划时代意义的苹果电脑，只不过当时这台电脑连个外壳都没有，只有些乱七八糟的电路板。电脑经销商老板表示要订就订50台，而且电脑必须完全组装好才行。

乔布斯接下了这笔订单。沃兹尼亚克听后惊呆了："你知道那是多大的工作量吗？"沃兹尼亚克认为根本不可能完成，如果不能按期交货，还要赔偿违约金。乔布斯不这样认为，为了筹备购买材料所需的资金，他出售了自己各种值钱的东西，甚至卖掉了自己的小汽车。他们三个人与他们的两个朋友在乔布斯家的车库里夜以继日地装配并进行马拉松式的测试，终于在最后期限成功交货。

这50台电脑给初期的苹果公司带来了启动资金和声誉。如果没有乔布斯的“胆大妄为”，或许苹果公司在创业之初就会倒闭。

乔布斯的魅力在于他有知难而上的魄力，这种魄力表现在面对困难时不退缩、不逃避，敢于承担风险和战胜困难，做别人敢想而不敢做的事情，这会给员工可信任的感觉。企业需要的是能够带领大家攻坚克难、毫不退缩的领导者，只有这样的领导者才能带领企业走出困境，会被员工钦佩和敬重。同时，这种不退缩、不逃避的精神会传递给员工，给他们带来强大的信心，增强团队凝聚力。

在困难面前，共情能力强的领导者与共情能力弱的领导者的主要差距不在于年龄、性别和工作效率，而在于是否有敢为人先的魄力和能力——有没有勇气面对困难、承担责任并在必须牺牲和奉献时冲在最前面。共情能力强的领导者敢作敢当，不推卸责任，遇到问题后会分析问题、解决问题，能够正视自己的缺点。共情能力弱的领导者遇到困难会畏惧和退缩，甚至会将这种负面的情绪传播给员工，使整个团队都笼罩在乌云之中。

当员工在工作中出现问题和失误时，共情能力强的领导者不会只想着如何推卸责任，也不会一味地批评员工，而是主动与员工沟通，了解他们的想法和遇到的困境，与他们共同解决问题。勇于站在员工的角度帮他们解决问题，不计较个人利益得失的做法，不仅使员工有安全感，拉近与员工之间的心理距离，还能得到员工的爱戴和信任，从而充分激发他们的工作热情，让他们心甘情愿地把工作做到最好。这样你的威信、感召力和个人魅力也会随之增强。

归属感是最好的黏合剂

根据马斯洛的需求层次理论，人们在满足较低层次的需求之后，就会追求较高层次的需求。当人们满足生理和安全需求之后，就会有归属和爱的需求。每个人都有归属需求——想拥有情感上的寄托，想拥有要好的朋友，想加入能带给自己成就感的组织或团体。

从心理学角度讲，大部分人都有一个弱点——会有种孤独感，很难一个人独处。当他们发现自己不在一个组织、群体里面时，他们就会觉得没有存在的价值，因此他们希望加入某个集体，希望获得领导者的认同和关怀。

归属感是个体与群体连接时被接纳与安全的感觉。无论有多远我们都想回家乡的心理，就是源于根植于内心深处的归属感。我们喜欢一个集体，除了收入、环境这些外在因素，还有人与人之间融洽的关系，被赏识或重视的感觉，这就是归属感。而自己觉得不被他人认可、理解和接受，就会备感孤独，缺失了归属感。

这个道理同样适用于企业管理。当员工感受到团队和你带给他们的温暖时，他们就可以获得归属感和安全感。如果他们有了这种强烈的感觉，就很容易获得成就感，这也是团队凝聚力的黏合剂，容易激发他们努力工作的动力。可见，要想提高员工的工作效率，让他们更喜欢你、依赖你，你就要创造共情的团队氛围，让他们找到这种归属感。

让员工产生归属感，一个很好的方法是为员工制定行为规范。也就是说，要让每个人的一言一行都必须表现出公司的特色。你要让客户从他们身上看到一些相同的东西，这样不用你主动介绍，客户就知道那是你公司的人。而在这个过程中，行动是第一位的，由日常行为开始，影响思想、意识、精神，由此，员工就能够产生对公司的归属感。

微软公司特别注重员工归属感的培养，每一个新进入微软公司的员工接受的第一项任务是在人事部门的安排下进行为期一个月的封闭培训。培训的目的很明确，就是将这些新员工真正转化为“微软人”。以如何接电话为例，微软有专门的指导手册，技术支持人员拿起电话，第一句话肯定是：“您好，微软公司！”

关于接电话，在微软公司内部流传着一个故事：一次，微软全球技术支持中心举行庆祝会，员工集中住在一家宾馆。深夜，因为某项活动安排临时发生变化，此次庆祝会的组织者只得往各个房间打电话通知。第二天，她惊奇地告诉大家：“你们知道吗？我打了60个电话，至少有50个电话的第一句是‘您好，微软公司’。”

类似的故事也发生在海尔集团。在海尔集团，当有人问海尔的某位员工，你是 ×× 地方的人吗？他肯定会说："不，我是海尔人。"他还会补充："您知道我为什么说自己是海尔人吗？因为从我进入海尔的那一天起，我就叫海尔。"

支撑一家公司成功的关键就在于底层员工的工作，而如何激发他们创造效益的动力，则是团队管理者必须重视的。微软公司和海尔集团之所以能够成功，是因为它们给了员工归属感，这样员工就会把自己当成公司的一员，而且深深地为此自豪。

那么，该如何通过共情管理引导他们培养归属感呢？

1. 动员老员工热心地与新员工谈话。当有新员工入职的时候，常常可以看到一大群老员工在一起喝茶聊天，没有一个人去和默默工作的新员工说话。作为团队领导者，你必须帮助他迅速融入新环境。最简单有效的方法是安排一名老员工一直陪伴他。可以在沟通中以询问的方式把他引到集体中，也可以在他独自用餐的时候坐在他身边，还可以在他遇到不熟悉的领导时帮他介绍。总之，千万不要把他晾在一边。

2. 安排人员为新员工介绍公司环境。新员工刚到公司，由于对新环境很陌生，常常会产生无所适从的孤独感。由于紧张，他们会忽视你安排的工作中的细节，所以出现纰漏的情况并不少见。因此，安排一个人为新员工进行讲解，可以让他们能更快地熟悉公司，尽快感受到团队的温暖。

员工有负面情绪怎么办?

作为团队领导者，除了带领员工做好工作，还要特别重视他们的情绪管理。

实际上，很多团队表面上一池静水，实际上暗流涌动。其中“传染”最快的不是鼓舞人心、积极向上，而是让人消极、倦怠、心里不爽的信息和能量。如果你稍不留心，其他员工也可能被卷入负面情绪的旋涡，不仅影响正常工作，还会伤害人际关系，让团队的行动力和工作效率大打折扣。

例如，同岗位的员工待遇不同，会让待遇较差的员工产生不满情绪，甚至团队与团队的比较、不同岗位的比较、晋升难易的比较、奖惩的比较、工作时长的比较，等等，都是员工负面情绪的来源。员工之间的人际关系出现了问题，他们在工作时就会觉得不自在、不舒服，不由自主地想要逃离所处的环境，这也会大大影响员工的工作积极性。与朋友发生纠纷，为子女操心等，都有可能导致员工把负面情绪带到团队中。如果领导者任由员工的负面情绪传播，最后整个团队都可能被负面情绪笼罩。

领导者面对有负面情绪的员工时，常常犯的错误有三种。第一种，不理会。觉得有负面情绪是员工自己的事情，和公司无关，需要员工自行处理，公司领导者没有这个义务。第二种，训斥。告诉员工如果工作中经常有负面情绪，不能管理好自己的情绪，就不适合在公司工作。第三种，说教式讲道理。长篇累牍、滔滔不绝地给员工分析前因后果，这是效果最差的方法。

毫无疑问，管理好团队的情绪，首先必须管理好你自己的情绪，要站在员工的角度思考其感受，这样才能让员工切身感受到你传递给他们的能量。上述处理方式最大的问题是忽略了员工的感受。针对这三点，我有个非常好的方法，我把它叫作“共情管理的四步情绪处理法”：接受、分享、肯定和解决问题。

1. 接受

向员工表示自己的关心和爱，并且巧妙地将话题从坏情绪转移到问题上，最终的目的当然是解决问题。例如，对员工说：“我注意到你有点情绪，愿意跟我聊聊吗？”或者说：“我能感觉到你的情绪，你现在的感受如何？”

需要注意的是，共情≠同情，共情和同情，一字之差，意思却大相径庭。虽然两者都是在传达关心和爱，但同情的本质是怜悯。而共情是与他人产生共鸣，即想象如果自己是那个人会有什么感受。如果你对员工施以同情，则双方在地位上仍然不平等。施者很难感觉到这种不平等，但对于受者来说，由于存在这种不平等，就很难感受到被尊重和真正的共鸣。

同样，共情≠批判。例如，“有什么事情值得你这么生气啊？”“你不该在工作场合发脾气。”“你到底怎么回事啊？”“你这个样子，我怎么跟你沟通啊？”这些都是不接受对方情绪的表现。

化解员工坏情绪的第一步一定是理解和接受他们的情绪。领导者要关注员工的情绪，因为情绪是他们内心想法的外在表现，不能忽略，只有理解和接受，才能帮他们解决问题。

2. 分享

一定要先“谈感受”，再“谈事件”，不要一上来就问：“什么事情让你有这么大的情绪啊？”因为通常员工每复述一遍引起情绪的人或事情，他们的情绪就会重新爆发一次。

所以，要先让他们分享自己的负面情绪，后分享事情的来龙去脉，即便员工坚持先说事情，你也要把话题转移到分享情绪上来。没有处理好情绪，谈事情的细节也不会有太好的效果，有时候还会让他们情绪更激烈。

彼此分享情绪，就是为了帮助员工捕捉他们内心的情绪。一般人对情绪的认知不多，他们不懂得如何用恰当的文字描述情绪，因此，正确表达内心的感受会有些困难。如果员工坚持说事情，你可以说：“原来是这些事情使你不开心，可以先谈谈你现在的感受吗？”“哦，怪不得你的反应如此激烈，原来你心里的感觉是这样的啊！”要帮助员工正确地表达愤怒、尴尬、委屈等情绪。

当员工能精准地表达情绪的时候，他们处理情绪的能力就会提升。等员工平静一些了，再问他们发生了什么事情。例如，当员工说“是的，我很生气”或者“是的，我很委屈”等的时候，他们就能觉察到自己的负面情绪，这样更便于你帮助他们排解这些情绪。所以，你要学会问这句话：“可以先谈谈你的感受吗？”

3. 肯定

肯定情绪背后的动机，或者肯定情绪中可以理解和接受的部分。

很多事情你不说出来，员工就会以为你没有看到，好面子、自己生闷气简直成了他们的习惯。所以，作为领导者，要在恰当的时候问员工“是不是我的要求太无理了？”以表示对他们的理解。

例如，“你对外地销售人员报低价的行为很愤怒。我明白你的感受，你是为了维护你所负责区域范围内价格的稳定，你愤怒是因为有人违反了公司的价格策略。”这就是所谓“找到情绪背后的动机，给予肯定”。

再例如，“你感到委屈是正常的，因为大家没有看到你的付出，只看到他们在这件事情上的努力；你委屈是因为你希望自己的努力得到大家的认可，出发点很好。”

重要的是让员工明白有不良情绪不是问题所在，充分表达情绪才是关键。所以，你要学会肯定对方情绪背后的动机。你肯定了对方的情绪，对方就得到了你的认可，就会很好地缓和并处理情绪。

4. 解决问题

有时候，员工可能会想：既然你认为有不良情绪很正常，那该怎样解决问题呢？一般情况下，你可以问员工："下次再发生这样的事情，怎样应对才会有更好的效果？"或者问："如果再来一次，你怎样做才会让结果更好？"或者问："避免同样的不如意出现，你可以采取哪些预防措施呢？"或者还可以问："除了这样表达情绪，如果再发生类似的事情，有没有更有效的办法来达到更理想的结果？"

很多负责招聘的公司领导者，在面试之后就向我抱怨说求职者不够机灵，或者员工工作了较长一段时间依旧笨手笨脚。我总是会反问："那么，您有没有告诉他下次该怎么做？"很简单，谁都不是生来什么都会做，作为有经验的人，只是一味地指责他们，却不告诉他们到底怎样做才是对的，这样的埋怨实在是太没有意义了。不过，你要尽量坐下来平静地跟他们谈他们处理问题方法的不妥之处。站着讨论很可能让气氛更加紧张而导致无法达到谈话的最终目的。

这就是"共情管理的四步情绪处理法"，用来排除员工的负面情绪非常有效。

共情也要杜绝暗示性纵容

一天，在一家公司的车间里，资深员工科斯特在切割台上忙碌。他在这家公司工作已经很久了，因为技术过硬，获得了不少同事的尊敬。当他提出一些改进方案或工作中的小要求时，绝大部分领导者都会支持，很少有人向他说不。

一段时间之后，科斯特觉得有些累，于是将切割刀前面的防护挡板卸下来放到了一边。这样一来，收取零件、加工零件都非常方便。科斯特心想：虽然这样做有可能会发生小概率的安全事故，但我做这份工作这么久，怎么可能就撞上去呢？于是，他在没有防护挡板的状态下工作了半天，在这半天里，他已经完成一天工作量的三分之二了。

下午，车间主管前来巡视，正巧撞上了。主管非常气愤，用命令的口气要求科斯特立刻将防护挡板装上，然后大声斥责他，还说要将他一天的工作作废。科斯特火气一下子冒了上来，和主管吵了起来，不仅不接受批评，还拒不改正错误。车间里一时间吵吵嚷嚷，引来了众多工人围观。

第二天一大早，科斯特刚来到车间就被通知去见公司领导。他心里有些忐忑。果然，领导跟他说："你是老员工，在我们公司也干了很多年了。公司的管理模式你也清楚，许多小问题不曾计较也没有追究。但是，你应该明白，安全问题一直都是公司强调的重点。今天你少做了工作，任务量没有完成，绩效没有达到要求，我随时可以找另一个人把绩效提上去，但是如果出了安全事故，我们公司担不起这个责任。"

最终，科斯特被辞退了。

美国斯坦福大学心理学家菲利普·津巴多曾经做过一项实验：他找来两辆一模一样的汽车，其中一辆放在周围环境比较杂乱的地区，另一辆放在主要住着中产阶级的地区。他将两辆车的车牌都扔掉，敞篷都打开，结果前一辆没过多久就被偷走了，而后一辆在那儿放了一个星期都无人问津。后来，津巴多将那辆车的车窗玻璃敲了个大洞。几小时之后，这辆车就不见了。

基于这个实验，"破窗效应"理论诞生。这个理论认为，如果一扇窗户被打破，没能得到及时修护，那么越来越多的窗户就会被打破。换句话说，如果一种恶行没能得到及时制止，那么这种恶行会出现在越来越多的人身上。

我们强调共情，理解和接纳员工的一些失误，但不代表放任不管。如果公司里出现了一种不良现象，而你又没有及时制止，那么员工就会认为，你默认这种情况发生，他们可能也会毫无顾忌地去做。

很快，这种不良现象就会迅速蔓延。

心理学上的“泡菜效应”也是类似的道理。泡菜效应是指，把同样的蔬菜放在不同的水中浸泡一段时间以后，煮出来的蔬菜味道大不相同。也就是说，如果某个员工周围的同事大多很能干，整个环境的氛围非常好，那么这个员工在这个环境中也会慢慢变得优秀；相反，如果这个员工常常跟表现差的人混在一起，他的表现也会慢慢变差。也就是我们常说的“近朱者赤，近墨者黑”。

俗话说，千里之堤溃于蚁穴。不良现象常常会发生在公司里一些细小的事务上。作为领导者，你要特别注意以下情况，如公司内部的清洁情况、每天上班的按时情况、开会时的迟到情况，等等。忽略了小细节，往往会造成重大的不良后果。以上班迟到为例，如果公司有人迟到，但是你没有任何回应，那么其他员工就会产生“即便我迟到也没关系”的认知，接下来的短时间内，迟到的人数就会越来越多。所以，一定要杜绝暗示性纵容情况的发生。

EMPATHY MANAGEMENT

第五章

带出“高意愿”

团队的“梦想板”

实现团队目标需要共情力，需要你真正走进员工的内心，了解他们的梦想是什么、他们需要什么，要真正对他们的需求感兴趣，否则你将无法激发他们的工作积极性，也无法顺利开展工作。心理学家阿德勒说：“对别人不感兴趣的人，一生中遇到的困难最多。”

或许有人会反驳说：“我也对他人感兴趣啊！”是的，我们一般感兴趣的是对方开的什么车、买的什么房子、结交什么样的权贵，这不是对他这个人感兴趣，而是对他的收入和交际对象感兴趣。共情是对他的真正需求感兴趣——他有什么梦想，他向往什么生活，他想成为什么样的人。就像是伯牙遇见钟子期。共情是一种能深入他人主观世界，理解其感受的能力。

作为团队领导者，你不仅要了解员工的梦想，还要将大家的梦想与团队的共同愿景统一。著名管理学大师德鲁克说：“人们并非是有了工作之后才有目标，而是先定下了目标之后才去工作。”能够察觉员工的真实想法、了解他们的梦想、凝聚他们的力量并最终实现团队共同愿景的领导者，永远不必担心带不出优秀的团队。这就是共情的力量。

在电影《斯巴达克斯》中有这样一个镜头：

罗马统帅对几千名被俘的斯巴达克斯战士说："你们曾经是奴隶，将来还是奴隶。但是我善意地提醒你们，只要你们把斯巴达克斯交给我，就不会受被钉死在十字架上的刑罚。"

在一段长时间的沉默之后，斯巴达克斯站起来说："我是斯巴达克斯。"然后，他身旁的一名战士也站起来说："我才是斯巴达克斯。"接着，又有一名战士站起来说："不！我才是斯巴达克斯。"

短短一分钟时间内，每一个被俘虏的人都站了起来，宣称自己才是斯巴达克斯。

为什么这支部队的每一个士兵都愿意慷慨赴死？这支部队并不是忠诚于领导者斯巴达克斯，而是忠诚于领导者赋予他们的共同愿景：无自由，毋宁死。

"自由"是如此可贵，没有人愿意放弃它，这就是共同愿景产生的力量。

领导者与员工的共同愿景，最常见的是"创造什么"。我们所说的团队共同愿景并不是一个抽象的想法。刚开始你可能会想"我要创造一个什么样的未来"，继而发展到寻求整个团队的支持，即"大家想要拥有什么样的生活"，这时，愿景就不再是一个抽象的想法了，而成了具体存在的目标。从员工那里寻求到的支持力量，源于员工对共同愿景的关切。

当员工体会不到企业愿景的时候，就需要你仔细地观察一下。你会发现，大部分的愿景都是一个人（或一个群体）强加于团队上的。这样的愿景，博得的是服从而已，而不是真心的追求。

我们前面讲的《西游记》的故事中，唐僧有愿景，而顽劣的徒弟刚开始没有。唐僧为了取经，丢掉性命都不会眨眼。而三位徒弟懒散自由惯了，虽然能力很强，但是没有愿景，也不知努力。于是，唐僧给三个徒弟描述了团队共同的价值观和愿景，几个徒弟都渴望改变自身命运，得道成佛，从而坚定地护送唐僧去西天取经。

欧白恩说："我的愿景对你并不重要，唯有你的愿景才能够激励你自己。"作为领导者，需要思考怎样把企业的愿景变成与员工切身利益密切相关的愿景。

这里，我有一个把愿景传递给员工的方法，叫作制作"梦想板"。

具体制作步骤：

1. 准备一个长方形木板。

2. 让员工把他们自己的梦想（包括梦想的职位，梦想的物质生活——车、房等，预计的成绩，美好的生活及未来的配偶标准），通通列在"梦想板"上。

3. 最好让员工在"梦想板"的旁边写上实现的日期。

（××× 于 × 月 × 日前拥有 ×××）

4. 通过每天的视觉化冲击，让员工鞭策自己，慢慢养成良好的思维及储蓄等习惯，直到实现自己的梦想。

描述完之后，找一些照片：某成功人士有一个"梦想板"，在他的书房里，贴了很多他想要实现的目标，这些都是当他实现“核心目标”的时候将看到的每一个画面，所以他持续不断地看着它，来刺激潜意识。

粘贴“梦想板”

记住，所有的潜能开发都在于运用自己的潜意识，而运用潜意识的第一步是有一个明确的画面。所以，详细地描述梦想，做一个“梦想板”，把画面粘贴起来，这是你迈向成功的第一步。

制作梦想手册

要让员工制作一个梦想手册。不仅仅是让他们把这些画面贴在“梦想板”上面，还要买一本很好的空白笔记本，把那些画面粘贴在梦想手册里面，让员工有事没事就翻开来看一下。这个步骤的原理还是一样，是要刺激员工的潜意识，给他一个明确的指示，告诉他这是他们自己想要看见的。

核心目标

要让员工把核心目标及今年的几个主要目标写在一张小卡片上面，让他们有事没事把卡片拿出来看一下，还要让他们每天早晚重复写核心目标十遍。目的只有一个：通过图案、文字等，从视觉上刺激员工的潜意识。

1. 要让员工时常翻看他们的目标。方式有看图片、手册，重复地写。

2. 要让员工时常念着自己的核心目标。每一分每一秒，只要一有空，就让他们随时随地念——遇到瓶颈的时候，念着核心目标；跟别人吵架的时候，大脑不要想吵架，立即念核心目标；开车遇到堵车的时候，请念核心目标。反正，任何地点、任何时间，只要一有空，就念核心目标。美国“钢铁大王”卡内基一天念目标超过一千遍。

假如你能做到这些，团队和团队成员就多了一次成功的机会。

不论员工有什么梦想，现在就让他们立刻将它视觉化。要让他们找一些图片，将它们剪下来。不要忘记看着这张“梦想板”，一直看到实现它为止，因为没有重复输入潜意识的目标也是无效的。

只要视觉刺激潜意识的次数足够多，员工就会下意识地去配合他们自己的目标，做出他们自己意想不到的改变，甚至自动吸引一切会帮他们实现目标的人和事物。

不妨现在就行动，让员工每天看着它并思考下面的问题!

1. 我今年要实现的所有目标是什么?

2. 何时要将这些目标贴上“梦想板”?

3. 我要立即开始为这些目标努力。(见表 5-1)

表 5-1 “梦想板”示例

记录内容 / 年龄	展开想象的翅膀 展示你的梦想			梦想变为现实 从记录梦想开始 展示日：　展示人：　见证人：						不被嘲笑的梦想 是不值得去实现的			
	我希望为父母做些什么	我希望怎样帮助他人，帮助多少人	我能培养多少人	我的居住条件	我的交通工具	我的总资产	我的职业地位	我的社会地位	我的其他梦想	为实现梦想，我愿意每天工作多少小时	为实现梦想，我愿意每周学习多少小时	为实现梦想，我愿意做的其他努力	为实现梦想，希望公司为我提供的资源
25 岁													
28 岁													
31 岁													
34 岁													
37 岁													
40 岁													
41 岁													
44 岁													
47 岁													
50 岁													

“自我萎缩”与造梦

通常情况下，员工遇到难度较大的工作时，就很容易陷入不安之中。从心理学角度来看，一旦人们的不安加剧，就会出现“自我萎缩”。“自我萎缩”是指认为自己微不足道，从而产生“活着无用”的心理。“自我萎缩”心理的特点是以偏概全，全面否定自己，认为自己干什么都不行，进而觉得前途渺茫，没有出路。相反，当人们充满希望，没有不安感时，就会有一种前进的动力，希望实现自我、发展自我。

曾连续多年蝉联全球500强企业榜首的沃尔玛公司为了解决这个问题，采用了为员工“造梦”的方法。

无论顾客走进哪一家沃尔玛超市，都能感受到工作人员热情、周到、诚恳、细致的服务及温暖、柔和、愉快、舒适、其乐融融的氛围。沃尔玛的创始人山姆·沃尔顿一直是企业的灵魂人物，他一手打造了沃尔玛，让自己的理念融入员工的思与行、德与品中。

在沃尔玛内部有一个惯例，无论是普通员工上班还是企业的高层开股东大会，在开始之前都要做体操并欢呼着告诉自己把事情做到最好。

这本来是山姆在一家韩国的网球厂看到的，后来却发展成了沃尔玛的“特色项目”。这是沃尔玛给员工“造梦”的第一招：每天早晨在工作开始之前都要欢呼自己要做到最好，而且把这种积极的观念与自己的肢体语言结合在一起。肢体运动最容易唤醒潜意识，于是充满热情的欢呼就直接进入了员工的潜意识中。接下来员工在每做一件事情的时候，潜意识就会跳出“最好”与“热情”。员工的这种念头每天都会催眠他们自己，使他们变得充满活力与热情，做任何事情都力争做到最好。要知道，这种催眠理念不是拿来炫耀给外人看的，而是自己用。

沃尔玛为员工“造梦”的第二招：为员工提供非常清晰的模仿对象。在沃尔玛有许多世界级的明星人物，他们往往是公司的高层领导者。而沃尔玛有一条制度是“任何一个员工都可以与领导者直接进行交流”。这样一来，员工与成功人士的距离就更近了，更容易产生共鸣，也就更容易去模仿他们的言行，因为大家都渴望变得优秀，都希望自己也能取得成功。员工就这样被企业中的明星催眠，从而不懈地努力将工作做得更好。要知道，优秀的企业文化不仅能使员工产生使命感和自豪感，而且能激励员工积极工作，使员工对未来充满憧憬。

沃尔玛给员工“造梦”的第三招：对每位员工的暗示都表示了对其个人的尊重与爱护。首先，沃尔玛非常尊重员工的人格，领导者与普通员工之间的气氛非常融洽、和谐，很少有等级观念与阶层区别。高层领导者之间也会像普通员工那样相互打赌。例如，山姆曾经因打赌输了并在大街上跳起了“草裙舞”，而且惊动了媒体，山姆则趁此机会宣传了沃尔玛的独特之处。其次，沃尔玛的每位员工都会戴一枚特制的胸牌，让自己时刻充满自豪感。

如果沃尔玛一开始就给员工提出每个顾客来都必须微笑迎接、热情服务的要求，很可能会引起他们的反感，毕竟要求一个人无时无刻都保持这样热情高涨的状态非常困难，但是沃尔玛最终做到了。之所以能够完成这么高难度的工作，是因为沃尔玛为员工造了一个理想的梦，而且并不是说说而已，沃尔玛将这个梦的具体实现方式完整地融合到公司的制度中，从而使员工在公司高层的带领下，越来越有干劲，越来越充满热情。

“造梦”是给员工创造长时间做梦的体验，让他们人为地进入做梦的状态，而不是沉浸在“自我萎缩”状态。所以，我们可以把通过为员工“造梦”给他们带去奋斗目标这个过程归结为“共情”。在这个特殊的场景里，通过沟通和激励，让员工产生代入感和参与感，从而引起情绪上的高涨和情感上的共鸣，甚至情理上的互通。

需要注意的是，为员工“造梦”，实现这个梦可以非常困难，但是一定要能够实现，而且你要为他们提供方法和资源。你要将这个方法分解并融入公司的规章制度中，而且方法要简单实用，员工能够办到，否则就没有可实施性，也难以达成你的目标。

激发员工的高意愿

提高员工的意愿，就要让员工看到未来，有愿景，有目标，有榜样。

员工成长的层次从高到低共有六个：愿景、角色、价值观、能力、行为和环境。愿景是属于“精神”层面，它是人们永远为之奋斗、希望达到的目标，是意愿的表达，是哲学中最核心的内容，是最终希望实现的理想状态。没有它，人们将缺乏内在的核心动力。如果想要员工的行为发生重大改变，必然要求你发挥共情的力量改变他们的心智模式。（如图 5-1）

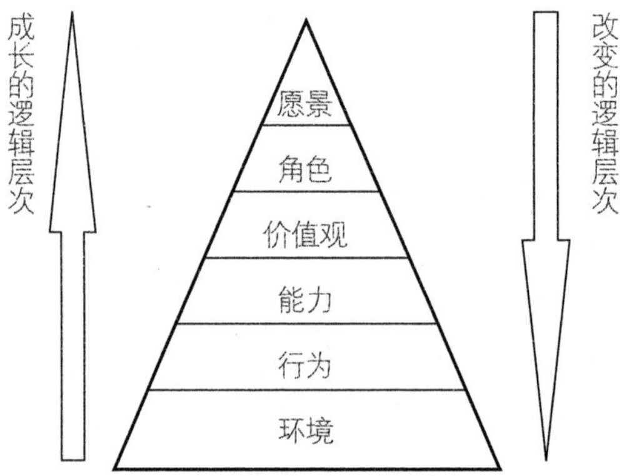

图 5-1　员工成长的层次

2008年，当阿里巴巴遭遇“寒冬”时，马云启动“援冬”行动，给员工写了一封信：

各位阿里人：

对阿里巴巴B2B（企业与企业之间的电子商务交易）的股价走势，我想大家的心情一定很复杂！今天想和大家聊聊我对目前大局形势和未来的一些看法，也许对大家会有一点帮助。

大家也许还记得，在2月的员工大会上我说：“冬天要来了，你要准备过冬！”当时很多人不以为然！其实你的股票在上市后被炒到发行价近三倍的时候，在一片喝彩的掌声中，背后的乌云和雷声已越来越近。因为任何来得迅猛的激情和狂热，退下去的速度也会同样惊人！我不希望看到大家对股价有缺乏理性的思考。去年在上市的仪式上，我就说过你将会一如既往地努力，不会因为上市而改变自己的使命。面对今后的股市，我希望大家忘掉股价的波动，记住客户第一！记住你对客户、对社会、对同事、对股东和对家人的承诺。

当这些承诺都兑现时，你对公司创造的价值自然会在股价上有所体现。

你对全球经济的基本判断是，经济将会出现较大的问题，未来几年，经济有可能进入非常困难的时期。我的看法是，整个经济形势不容乐观，接下来的冬天会比大家想象得更长！更寒冷！更复杂！你准备过冬吧！

面对冬天你该做些什么呢?

第一，要有过冬的信心和准备!

冬天并不可怕!可怕的是你没有准备!可怕的是你不知道它有多长，多寒冷!机会面前人人平等，而灾难面前更是人人平等!谁的准备越充分，谁就越有机会生存下去。强烈的生存欲望和对未来的信心，加上充分的思想和物质准备是过冬的重要保障。阿里集团在经历了上一轮互联网严冬、“非典”等一系列打击后，你具备了一定的抗打击能力。去年对上市融资机会的把握，又让你具备了二十多亿美元的过冬现金储备。集团年初“深挖洞，广积粮，做好做强不做大”的策略已经开始在各子公司得到坚决的实施。我想对严冬的到来，阿里人应该拿出当年的豪情说:“If not now，When ? ”“If not me，Who ? ”(此时此刻，非我莫属!)2001年，你对自己说:“Be the last man standing!”(即使是跪着，你也要最后一个倒下!)凭今天阿里的实力也许你不会倒下，但是今天的你肩负着比以往更大的责任，你不仅仅要让自己不倒下，你还有责任保护你的客户——全世界相信并依赖阿里巴巴服务的数千万的中小企业不能倒下!在今天的经济形势下很多企业的生存将面临极大的挑战，帮助他们渡过难关是你的使命——是“让天下没有难做的生意”在今天最完美的诠释!你要牢牢记住:如果你的客户都倒下了，你同样见不到下一个春天的太阳!

第二，要做冬天该做的事!

一个伟大公司的成功绝不仅仅是因为能抓住多少次机会，而是因为能扛过一次又一次的灭顶之灾！2002—2003年间，你抓住了互联网的寒冬大搞阿里企业文化、组织结构和人才培养建设。今天，你在感谢去年上市给你带来机会的同时，也要学会感谢今天世界经济调整给你带来的巨大机遇。阿里巴巴从十八人创业到今天超过一万人，你的文化、组织和人才建设也在快速增长下面临挑战，但也因此得到机遇，让你这五年轰轰烈烈地经历了组建淘宝网和支付宝公司、收购中国雅虎、创建阿里软件和阿里妈妈及投资口碑网一直到去年上市。你希望有几年的休整时间，感谢这个时代又给了你一次这样的机遇。

你经过深思熟虑，决定基于你一贯的"客户第一，员工第二，股东第三"原则，明确阿里未来十年的发展目标：

阿里集团要成为全世界最大的电子商务服务提供商！

打造全球最佳雇主公司！

要实现以上目标，首先要抓住这次过冬的机遇！让你再一次回到商业的基本点——客户第一的原则，把握危险中的一切机遇。一支强大军队的勇气往往不是诞生在冲锋陷阵之中，而是表现在撤退时的冷静和沉着。一个公司的伟大同样会体现在经济不好的形势下，仍然以乐观积极的心态拥抱变化并在困难中调整、学习和成长。

中国市场的巨大潜力和对世界经济的积极影响将会在未来世界经济体中发挥越来越大的实质性的推动作用，你庆幸地看到世界各国的领导人比以往更懂得协同和交流，你看到全世界在共同面对疾病、海啸、地震等自然灾害时的高度统一，于是你有理由相信，世界各国一定会在经济发展这个人类社会生存和发展的重要问题上表现出更加积极的努力和智慧。我也坚信这次危机将会使单一依靠美元经济的世界经济发生重大变化，世界经济将会更加开放、更加多元化！而由电子商务推动的互联网经济将会在这次变革中发挥惊人的作用！

“拉动消费，创造就业”必将是电子商务在这场变革中的巨大使命和机会。

你坚信电子商务前景光明，而且能够真正帮助你的中小企业客户改变不利的经济格局。十年以后因为今天的变革，你将会看到一个不同的世界！

各位阿里人，让你一起参与和见证这次变革吧！

马云

2008 年 7 月 22 日

无独有偶，2014 年年初，一位建筑行业的企业家也给全体员工写了这样一封信：

各位同人：

首先祝愿各位新年好！今天已是正月二十，一年之计在于春，祝愿各位在新的一年有大开拓、大发展、大收获。

2009—2013年五年的时间内，公司有非常大的提升。你的业绩显著提升，公司员工从20名发展到近200名，你拥有了自己的第一个厂房，你引进了战略合作股东。去年，你完成了营销的三步突破：一个上亿的项目、一个大型单元板块、一个200米以上超高层。这是市场对你品牌的认可，五岁的小孩尚在牙牙学语，五岁的你已经在中国的建筑市场上开拓出自己的一方天地。

但同时，你面临很多问题，规模快速扩张，管理模式滞后于发展导致各种管理有待提升。除此之外，外部环境日趋严峻：竞争加剧，尤其上市公司垫资竞争使得行业利润持续下滑，付款方式的趋紧使得规模扩张成为一个资金黑洞，楼堂馆所的停建缓建使得地方公建项目风险趋大，银行货币政策收缩使得你的业主和你共同面临断粮的风险，而持续的用工紧张和劳务成本上涨更是让目前的形势雪上加霜。一句话：成本在提高，利润在下降，企业发展空间在缩小。

你是家有梦想的企业，是一家要做领袖的企业，你的愿景是敢为人先、引领整个行业的发展。这是你的烙印，是你诞生即担当的责任，是每个愿意和公司共同奋斗的人的使命。每年都有严冬和夏天，每个季节都有怒放的植物，外部环境的好坏像花开花落一样正常，问题是如何打造属于你的灿烂夏天？

在五年曲折的发展之后，你寻找到属于未来的特征：大平台、小公司。未来不属于个体户，竞争加剧使得外部对整体实力资质要求趋高。同时未来不属于航空母舰，业主的个性化需求、对即时服务和即时体验的要求只有小团队才能胜任和满足。在产品同质化的幕墙行业，只有迅速和个性化的服务才能创造优于行业的利润，你乃至整个行业都在一个十字路口，昨天的经验不可靠，明天不可预期，你的面前只有当下、只有客户。这个世界将适合把某个特质做到极致的人，客户只为某一方面的极致体验支付高价，只有极致才能生存。

2014，对你来说是生死存亡的一年。你拒绝平庸，拒绝眼前的安全，拒绝慢慢等待死亡。不卓越，毋宁死。你将采取以“划小核算单位”“内部创业制”“追求客户满意度”为核心的变革，你不再追求大而全，而是追求“小而精”“小而美”，在局部“超越客户预期”。未来你将是一个“联合共同体”，所有的变革将以“利于客户、利于效益、利于局部打造核心竞争力（做到极致）”为原则。

在未来三年，你将在公司内部陆续选拔一批愿意与公司共患难、共发展，有担当、有特质的人，成为项目或独立核算部门领头人，这些领头人将自建团队、组织部门运营、在额度范围内自主调配资金、在供应库中自行洽谈采购，以及经公司同意开放部分营销权；在缴纳公司约定的利润后，所有超额利润由部门自主分配，仅向公司备案；同时，公司将根据不同情况提供资金、业务和培训支持，扶一程上马，让独立核算、内部创业的领头人走得既快又稳。同时，权力即责任，在获得更大空间的同时，公司会在三个方向上有更高的要求：做出更高品质以让客户满意；做到缴纳约定的利润以促进公司持续发展；发展各自的特质以提高竞争力。

从2014年起，每个员工将有一份信用手册，你的每一份说到做到也许不一定能完全获得即时的报酬，却都会为未来创造一个“为自己做主”的机会。未来，将只有两类员工：一、有梦想有规划，愿意担当压力、责任和风险，从“被发工资的人”向“为别人发工资”转变，珍惜公司平台，担当让自己人生和他人人生变得更好的使命的人；二、勤奋、坚持、愿意付出、愿意学习、愿意成长的人，在自己的岗位上厚积薄发。你会根据每年的信用记录调整职位，做到了，嘉许你！继续挑战更大的机会！未做到，请接受罚约并重新成为普通员工。如果你愿意坦然看待挫折，恭喜你，在你总结、蓄力和坚持以后，欢迎你再次挑战。

未来的你将是这样一家企业：你有你的设计院，你的客户可以随时用手机查看三维乃至四维世界幕墙最新技术的展示，你研发并提供最令客户惊叹的产品，幕墙不如窗透气？整幅幕墙可以移动；总裁手指一动，手机界面随时展现在背后的大幕墙上；生机勃勃的植物幕墙，每季展示不同的图案……

你有你的装配式幕墙公司，你的项目经理穿着羊毛背心和发亮的尖头皮鞋，用仪器传输回“测量放线”的数据，第一天联网材料商已将材料送达厂房，第二天你的加工厂组装成品放入松木箱子后出厂，同时配备组装工具和示意图，一周后项目经理带着十个工人以一天三层的速度搭积木似的完成了整体幕墙安装，同时业主方拿着你提供的工作手机随时跟进现场进度和安全质量情况……你有你的软件幕墙营销公司，业主只要输入建筑图纸，输入预算价格，输入偏好，即会出现十款性价比最高的“高大上”“小清新”“环保狂”幕墙深化设计图例，业主可以随意修改窗型和分隔，选择中意的材料，随时点击空间呈现图样，甚至可放大到 1：1 的比例，你的营销人员在感性页面中娓娓道来细节差异的加分，推介一款又一款令人惊叹的“幕墙配件”……你回家住在你的环保“村落”里，你有你的万科式“第五食堂”，你有游泳池、跑道和电影院，你投资最好的学校，让你的孩子有机会接受最好的基础教育，你在你的“村落”里实现一卡通，你周末带孩子去自己的一小块农庄采草莓和认识庄稼，你的夫人在理财学校学习，然后进入总公司的投资公司，或者协助你理财，或者教你的孩子烹饪和舞蹈……你是辛苦的，但你在创造一个可以持续的更好的世界。

不要说这些不可能，用“砖头”手机的时候你想象过苹果手机吗？一年前你出行用雪佛兰科迈罗跑车吗？十年前你可以在网上看无数的电影吗？二十年前你可以看到全世界的信息，而且基本都是免费的吗？你用美国的手机、日本的剃须刀，你喝英国的茶，用韩国的化妆品，你用的牙膏都可能是合资企业生产的，你登录在美国上市的百度。从每年寄贺卡到发手机短信到今天微信群发，又过了多久？这是个伟大的时代，你要成为变化的创造者，而不仅仅是消费者，只要你有梦想，只要你持续付出，愿意坚持，一切都有可能。

心怀梦想，脚踏实地。2014，是你当主角的开始。你决定去远航，你不是立刻造一艘大船，而是找到一批愿意一起去远航的人。非常幸运，现在我找到了你们。作为公司的总经理，我不能承诺你一定会成功，但我会是最坚定的那个人。

2014，你是主角。2014，你有三个目标：做好品牌（把工程做好是根本）、做到赢利、模式创新。2014 新目标，挑战大，压力大，外部形势严峻，你需要每个人扛起自己的责任，对结果负责任，不抱怨、不拖延、做好自己、支持他人。

唯一温暖的是你在一起。这是你新五年转型的第一年。成功是一个习惯，如果你今年能做到，就能实现将来。非常幸运这个时候你在一起。

你只有一辈子可以活，你不是来过平庸生活的，而是来创造精彩生活的。

2014，光脚奔跑，说到做到！

2014 年 2 月 19 日

如果你是员工，当读完这封信的时候，你的意愿是不是得到了提升？

从这两封信中你可以清晰地看到一个企业家对经济运行趋势的判断、对企业发展的规划设计，以及对企业价值和员工价值的深刻领悟。这就是你经常说到的、适用性非常广泛的方法，叫作“给员工写一封信”。

所以，一定要让员工看到未来，也就是愿景和目标，让员工明确地了解自己该往哪儿走，正在往哪儿走，需要往什么方向努力。员工没有意愿，唯一的原因是他们没有确立跟自己未来相关的愿景和目标。所以要帮助员工确立愿景，这个愿景要和员工有密切的关系，使他们了解工作的魅力、行业的美好前景和个人在未来几年会拥有的职位与待遇，然后制定合理的奖惩制度，帮助他们制定目标，明确工作职责，给予优秀员工适当的荣誉和必要的物质奖励。有了共同的愿景和目标，员工就有了动力，也就会努力工作。

在 2008 年时，阿里巴巴员工的家庭状况、学历和经验都不是行业里最具优势的。谁也没想到，2014 年，这个团队会在纽约证券交易所上市，赢得全世界的掌声。他们之所以有激情，是因为他们认可了团队的愿景，而且能够在这个组织中找准自己的角色定位，发挥自己的优势，不断激发自己的成长意愿，这也正是团队自上而下成长的过程。

如何让员工深入骨髓相信愿景?

愿景不是贴在墙上，而是领导者坚信并让员工深入骨髓相信的东西。

如果企业的愿景没有在领导者身上体现，就无法实现与员工共鸣，员工会觉得企业的愿景是骗人的。最有可能的情况是有的领导者自己也不信，看到别的公司有一个愿景，自己也搞了一个，他自己都不信，员工当然不信。

看过《西游记》的人经常会想，唐僧没什么特长：论本领，比不上大徒弟孙悟空，他手无缚鸡之力；论小聪明，他比不上二徒弟猪八戒，甚至可以说是呆头呆脑；论体力，他与那个整日挑担的三徒弟沙和尚更是没法比，简直弱不禁风。那么，为什么大家非要跟着他去取经呢？没了唐僧，麻烦不就少多了吗？

究竟是什么让唐僧成为领导者，而三位高徒只是被领导者呢？

刚开始，唐僧就为这个团队设定了去西天取经的目标，而且历经九九八十一难，从不动摇。团队领导者是企业愿景的传承者和传播者。没有愿景的人，遇到困难就容易退缩，甚至溜之大吉。团队领导者一旦胆怯了、退缩了，就无法感染和凝聚团队成员，团队就会垮掉。

所以，如果公司有愿景，但是领导者明显感觉到员工不相信，就要好好从以下两个方面反省：

1. 是不是你的员工本来就不信任你，你说什么他们都不信，而不仅仅是不相信愿景？

2. 公司的愿景是你发自内心真正想实现的吗，还是你编造出来糊弄员工的？你相信这个愿景吗？

你经常说起这个愿景吗？领导者要经常告诉团队成员两件事情：一是你要带领他们去哪里，二是去那里会给团队带来什么好处。经常有员工说公司的愿景跟自己无关，就是说这个愿景中没有员工，只有领导者一个人。一个真正关心自己未来、关心公司愿景的员工才是好员工，一个不关注未来、不关注愿景的员工注定不会有大的发展。

如果领导者做到了以上两点，可是有些员工还是不相信，那么就要考虑这样的员工是否还应该留在团队中，因为他们无法与团队目标实现契合——无法与团队其他成员同心，无法与你共情。这种员工会给团队带来非常大的负能量，还是请他们离开为好。

协调“个人目标”和“群体目标”

从心理学角度来说，人们习惯于优先考虑自己，区别只在于考虑自己的程度不同。对工作，每个员工考虑的角度不同，但或多或少都会想自己能得到什么。可见，要想实现团队的共同目标，你必须把员工个人的目标和团队的目标“捆绑”在一起，否则大家就是“一盘散沙”。

所以，共情管理的关键并不仅仅是关爱员工、体谅员工、换位思考及考虑员工的利益，更要让员工明白“一荣俱荣，一损俱损”的道理，让他们个人的目标与公司的目标统一。这需要通过一些技巧，让他们感受到你的善意，理解你的用心。

一家大公司的子公司因为资金紧缺不得不裁员，子公司的CEO吉米正在思考如何平衡各个部门的人员安排。但是，突然传来一个消息：工程部部长贾斯汀为维护他的工程部，向总公司董事会递交了一份文件，提出了一个新的裁员方案。吉米一下子就气得不行，脑海中涌出的第一个念头是开除贾斯汀，因为吉米完全不知道这件事，贾斯汀属于越级上报。但是多年来的管理经验让他渐渐平静下来。他认真看了贾斯汀的这份文件，上面主要说明了他带领的工程部的重要性，因此一个成员都不能少，而裁员方案主要针对的是其他部门的非必要人员。吉米看完之后，平静地思考了一会儿，让助手叫来了贾斯汀。

吉米先和贾斯汀讨论了这次的裁员问题，他终于了解到贾斯汀的本意仍然是维护公司和自己团队的利益，但是没有想到会给吉米带来这么大的困扰。了解了这一点之后，吉米的烦闷情绪一扫而光。贾斯汀也因此诚恳地向吉米道歉，认为自己当时确实是没有考虑好。

吉米对贾斯汀说，自己理解贾斯汀维护团队利益的心情，但是并不赞同他的这种做法，而且公司和团队的利益关系是“一荣俱荣，一损俱损”，裁员不是一个部门的事，而是整个公司的事，为了公司未来的发展，每个部门都必须做出一些牺牲。

贾斯汀陷入了沉默。

吉米接着说，或许你仍然希望工程部的人员全部留下来，但是很明显这是不可能的。现在你要么坚持原来的观点，仍然要求留下工程部的全部成员，最后只能是你走人；要么你跟我一起讨论一个新的裁员方案，这个方案要兼顾各个部门的利益，我们可以让利益最大化。

贾斯汀思索了一会儿，终于意识到，要想达成自己的目标，只能与公司的目标统一。于是，他选择了后者。后来，贾斯汀向董事会提出撤回那份文件，而且与吉米共同讨论提出了一个新的裁员计划。

通用公司前CEO杰克·韦尔奇曾说：“我一直相信，是否建立了一个高远的目标，让它成为团队的共同目标，而且让大家为了它而奋斗，是评判领导者是否卓越的核心标准，也是经常为我们许多人所忽略并找不到着力点的关键所在。”优秀的领导者都能够建立一个“群体目标”，而这个目标正是你与员工、员工与整个团队达成“心理契约”、实现共情的关键，也是凝聚大家一起为之奋斗的黏合剂。

那么，应该如何设定“群体目标”才能与员工实现“心理的契合”，从而更好地激发他们工作的积极性呢？

首先，目标要明确，不能太空泛。否则员工在达成目标的过程中也是糊里糊涂、晕头转向，更谈不上实现契合、有效执行了。目标表达得越明确，员工越容易理解，解决问题的策略和方法就越清晰，成功实施的可能性也就越大。有的领导者在设置目标时常常会制定类似“我们要创造最好的服务”“我们要打造出一流的生产线”的目标，实际上这类目标没有任何意义，而且不能让员工明白自己到底该怎么做。

其次，各级共同参与目标管理。美国一位专家对70个目标管理计划的实施情况进行了调查，得出结论：如果高层领导者高度重视目标管理，而且亲身参与目标管理的实施，生产效率平均可提高约

56%；否则，生产效率仅提高约6%。

所谓共同参与目标管理，是指在不同程度上领导者与员工参与组织目标的制定和执行及各级管理工作，让员工与企业的高层领导者处于平等的地位来研究和讨论组织中的重大问题。这样不仅让领导者的决策有了更广泛的信息来源，还可以让员工感受到领导者对他们的信任，从而体会到自己的利益与企业发展密切相关并产生强烈的责任感；同时，让员工参与目标管理，也为他们赢得了一个获得别人重视的机会，从而让他们有一种成就感。

再次，将目标具象化。第二次世界大战期间，由于美国兵力不足，而战争又的确需要一批军人，于是就决定组织关在监狱里的犯人上前线战斗。为此，美国特别派了几个心理学家对犯人进行战前的训练和动员，而且随他们一起到前线作战。

训练期间，心理学家对他们并不过多地进行说教，而是特别强调让犯人每周给自己最亲近的人写一封信。信的内容由心理学家统一拟定，叙述的是犯人在狱中的表现如何好、如何改过自新等。三个月后，犯人们开赴前线，心理学家要求犯人在给亲人的信中写自己如何服从指挥、如何勇敢等。

结果，这批犯人在战场上的表现比起正规军毫不逊色，他们在战斗中正如他们在信中所说的那样服从指挥、勇敢拼杀。后来，心理学家就把这个现象称为“暗示效应”。

同样，要想与员工达成“心理契约”，让他们的行动与团队目标达成一致，你也可以让他们把目标具体化、形象化。例如，让员工想象一下：将来要住的房子是什么样的？将来想开什么样的汽车？将来公司是什么样子的？将来要去什么地方旅游？……一定要具体化、形象化，要让员工有身临其境的感觉，在心中创造出"在享受自己想要的事物"那一幕景象的方法。视觉化时，就会产生"现在就拥有它"的意识和感觉，然后，就有动力去获得这些东西。

“共情式”心理暗示

心理学研究表明：人们在恐怖的环境中很容易受到触动。感到恐惧的时候，大部分人的第一反应是逃避。这时候，人们需要莫大的勇气才能够战胜恐惧。而勇气恰恰是领导者应该给予员工的。

当员工陷入恐惧时，潜意识常常希望获得合作者，或者有人能够帮助自己。这时候，你可以给他们提供帮助，同时向他们表示，为了完成这项艰难的任务，你可以提供哪些便利和资源，而且表达你与他们永远站在一起的立场。这时候，员工往往会觉得你非常可靠，而且会认为，有了你的帮助，自己在工作中会方便一些，遇到困难也会直接来跟你沟通。

一群初次跳伞的士兵站在机舱门口，紧张得冷汗直冒，不停地咽口水。直升机还在盘旋，他们向下看去，透过薄薄的云层，所有的景物都变得非常渺小，地面上的参天大树变成绣花针般大小，城市远远望去就像是模型。不少士兵的腿开始打战：从这儿跳下去，我的命就全靠那条降落伞上的绳子了啊，万一没能成功，我的命就……

随着跳伞时间的临近，不少士兵如同上刑场般闭上了双眼。这时候，教练示意排在第一位的士兵：可以开始了。但是过了好一会儿，那个士兵还是没有动。教练觉得有些奇怪，仔细看才发现那名士兵满头大汗，眉头皱得非常紧。他走到这个士兵身边，凑近他的耳边说："怕吗？"

士兵双腿一颤，睁眼紧盯着近在咫尺的教练，一想到自己的命可能立即就没了，跟教练说的话说不定是人生中最后一次交谈了，他的语气更加颤抖："我很怕。"

"悄悄跟你说句实话，我也怕。"

士兵露出了难以置信的表情。

"虽然怕，但是我们肯定能完成这次任务！我们能够在空中自由地飞行，我们会在准确的时间打开降落伞，我们能够安全地落到地面！"

士兵听到教练如此说，心情很快放松下来：原来教练也害怕啊！既然每个人都怕，我为什么要这么焦虑呢？

士兵重新做好准备，纵身跃了下去，成功地完成了此次跳伞任务。

此后，他和队友们都成了合格的伞兵。

多年以后，当教练退休，原来的士兵变成教练时，他也这样和第一次跳伞的士兵们说："你怕吗？"

"我也怕，可是我们绝对能够完成目标！"

实际上，这是“共情式”心理暗示在发挥作用。“共情式”心理暗示是心理咨询中的一项核心技术，是咨询师对求助者内心世界的感知和理解，是对求助者内心世界的呼应或共鸣，是一种接近“无心之感”的意境。

在体育训练中，教练经常采用这种办法：先给运动员描绘一幅成功的景象，这幅景象要非常具体、细致，包括运动员的身姿，最终的成果。然后，在训练中不断重复这幅画面，不断加深这个印象。不知不觉中，这幅“成功的景象”就会悄然刻入运动员的脑海里。随着训练的增加，他会越来越觉得“我肯定能成功”。

在现实工作中，尽管有明确的目标，但是由于员工不知道中途可能会遇到什么困难，可能会发生什么意外，在做事过程中就有可能陷入莫名的不安中。例如，当你给员工安排了一项较为困难的任务，或者员工最近生活陷入困境时，你很容易会发现员工工作时坐立不安，工作效率大打折扣，这说明员工陷入了焦虑和恐惧。这时候，你必须帮助员工消除这些负面情绪。运用“共情式”心理暗示，常常能够起到很好的效果。

如果没有引领大家战胜恐惧的人，那么和自己面临共同危机的人，会是救命稻草。因为面临着同样的危机，感受到了类似的恐惧，在这样的情况下，他们更容易产生同理心而结成统一战线，共同努力合作去战胜困难。换言之，如果所有员工都有这样的情绪，他们反而会产生一种共同的危机感，会表现出难得的团结，即便以前有矛盾，也会摒弃前嫌。

在著名的秦末楚汉战争中，韩信率军攻打赵国，他手下只有几千兵马。赵国成安君率军二十万势要生擒韩信。汉军后面是湍急的河流，退无可退，不是敌死就是我亡。他们抱定决心奋勇杀敌，最终赵军大败。这也就是成语"背水一战"的来源。韩信之所以最终能够以弱胜强、以少胜多，是因为他利用了士兵们的这种心理。死亡的恐惧反而激发出士兵们的潜能。

不仅仅是遇到恐惧时，当你需要为员工树立一个较为远大的目标时，当你需要振奋员工的斗志，让他们努力工作时，都可以采取这个办法。最常用的一种心理暗示法是勾画未来的正面形象，并将这个形象印到员工的脑海中，然后在工作中不断加深这个印象，让员工一想到未来，就觉得它近在眼前。这样才能消除员工对未知和当前困难的恐惧，从而振奋精神努力工作。

面对员工的这种恐惧，唯有共情，才能真正温暖他们、激励他们——真正进入员工内心，感受到他们的情绪，鼓励他们继续前进。于是，员工感到自己被真正理解，从而正向看待自己的恐惧情绪，直面一切困难。

皮革马利翁效应

在心理学中，“皮革马利翁效应”是指人们基于对某种情境的知觉而形成的期望或预言，会使该情境产生适应这个期望或预言的反应。这也就是为什么早上心情好的人会觉得一整天都没什么烦恼，工作起来也很轻松自在；而一早就生闷气的人会觉得一整天都糟透了。

人们在潜意识中认定了一些事情，不管它是积极的还是消极的，就会对这些事情产生一定的期待，这种期待同样有好有坏，而伴随着人们期待的强烈，这种事情就会发生。而如果你积极地期待，如热切期望得到一样东西，在这种期待的作用下，就会有机会得到它。

将这个效应运用到管理中，就是告诉我们不仅要对员工投入感情、希望和一些特别的诱导，还要觉察他们的移情，更要在此基础上力求实现共情——觉察“他对你我他”以及“我对你我他”的感受，“你我他是一伙的”“你我他想到一起了”，从而促使员工发挥积极性、主动性和创造性，让员工对自己也产生同样的期待。在这样的期待中，员工就会朝着你希望的方向发展。人才是在期待中产生的。

因此，在工作中，我们常常能够看到，刚开始没有多少才华的人，却能够变得越来越出色——能力越来越强，处理事情也越来越有条理。

一家公司的老板斯托克接到一项相当繁重的业务，客户要求必须在半天内把一批货搬到码头，而斯托克手下只有十几个伙计，半天之内很难完成。为了解决这个问题，斯托克苦思冥想了一整夜。第二天一早，他亲自下厨做好了饭。斯托克把饭给伙计盛好，还亲手捧到他们每个人手里，脸上表现出一副极有深意的表情。

一个叫卡特的伙计率先接过饭碗，拿起筷子正要往嘴里送时，一股诱人的香气扑鼻而来。他急忙用筷子戳开一个小眼儿，发现在米饭下面竟然有几块油光发亮的烤猪肉。他终于明白了老板看自己时那意味深长的表情背后的深意，于是立即转过身，狼吞虎咽地吃起来。

他一边吃，一边想：老板真是看得起我，今天我一定要多出点力！于是，那天干活的时候，他一改往日的懒散，一趟又一趟来回飞奔，汗如雨下也顾不上擦，最终把货装得满满的。整个上午，其他伙计也都和他一样卖力。所以，一天的活，仅仅用一个上午就干完了。而斯托克在旁边偷偷乐了起来。

斯托克为什么要单独在每个人的碗底放几块烤猪肉，而不是端在桌子上让大家共同分享呢？把烤猪肉单独放在每个人碗里，与放在桌上共享，产生的激励作用究竟哪个更大一些呢？很显然，上述案例中的老板这么做，意在关心每一个人，妙处在于让每个员工都感到这份关心只是针对自己，如果把这盘烤猪肉放在桌子上让大家去夹着吃，那他们就不会如此感激老板了。

从正面想一想，老板的这种精明其实也是一种特别的共情手法。对于领导者来说，怎样让大家吃烤猪肉而且吃得有劲头，是个永恒且常新的话题。

通用电气公司前CEO杰克·韦尔奇曾担任通用公司旗下一家集团公司的领导者。这个公司外购成本过高一直让韦尔奇十分头疼。后来，他只是在他的办公室里装了一台特别的电话，问题便得到了圆满解决。

这部特别的电话不对外开放，专供集团内每个采购专员使用，只要某个采购专员从供应商那里赢得了价格上的让步，他就可以直接给韦尔奇打电话。而且全体采购专员确信，无论韦尔奇当时是在谈一笔上百万美元的业务，还是同秘书沟通，他一定会停下手头的事情接电话。

一次，一位采购专员从客户那里获得了每吨钢材降价两角五分的优惠，他打电话给韦尔奇汇报。韦尔奇高兴地说："这真是太棒了，天大的好消息，你竟把每吨钢材的价格压下来两角五分！"然后，韦尔奇立即坐下来起草给这位采购专员的祝贺信。

每个员工都渴望得到精神激励，在获得有效激励的时候，他们都会因为这种激励而产生自豪感和成就感。从表面上看，你给了所有员工“几块烤猪肉”作为物质上的关心，但是从更深层面看，你给予他们的是精神激励，这种激励会使员工意识到自己“与众不同”。为了感激你的关爱，他们自然会认真工作。

EMPATHY MANAGEMENT

第六章

管理重心下沉

员工是严苛的“选民”

细心的你可能会发现，在与员工沟通中，如果相同的内容用不同的方式表达，给人的感觉可能完全不同。例如，你说“我想和你谈谈”和“正因为是你，我才想跟你谈谈”，前者会让员工感觉你高高在上，往往会导致他们在内心筑起防御性堡垒，产生抵触心理；后者会让对方放弃心理上的戒备，以一种积极的态度与你沟通。主要是因为后者激发出了听者的优越感和自尊心。

可见，共情是你将自己放在和员工平等的位置上，对员工的经历感同身受，对员工的所作所为表示尊重。共情不同于同情，同情更多地表现为施与者的高高在上、居高临下和优越感，并不能完全体现出尊重对方。同情在人际关系中引发的是深层次的分裂，其结果往往是你上我下的对抗、你输我赢的竞争。

在沟通中，员工一旦感觉被尊重，就会在不知不觉中与你亲密起来。

泰德是一位高级经理，是个成功人士，聪明、温和、勤奋。但是，他也有缺点——不善于与人交往。他发现自己与员工交往总是虎头蛇尾，而且会不经意地疏远员工。并非是他故意为之，只是习惯性地忽略了员工。他的疏忽让他总是忘记给员工回电话，偶尔打一次电话，还是在询问对方的工作进展如何。

正因为他的疏忽，他伤害了工作和生活中最亲密的一位朋友——他的副手马歇尔。他为此寝食难安，不仅仅因为自己在管理公司中失去了参谋，更因为这个朋友在自己的生活中扮演着不可替代的角色。几乎每一次重大的工作安排，泰德都要和马歇尔商讨后才有信心开展，自己生活上的每一件事都要与他分享，而现在他很为自己的错误后悔。

最后，泰德写了人生中的第一封道歉信。

亲爱的马歇尔：

我已经知道自己犯了三个错误：

第一，没有给你回电话。你对我说的话完全正确，我这样做真的很不应该。作为我的帮手，在公司有临时工作安排时，你的紧急来电，我也常常忘记接听；作为朋友，我这样做更是不礼貌，伤害了我们的友谊。其实，因为我个人的一些习惯，我忘记了接听你的电话，我很清楚自己应该改变这个坏习惯。我的做法会让你觉得我不重视你这个帮手，不关心你这个朋友，可事实并非如此。我也经常会忘记接听我的妈妈、姐姐打来的电话。我向你道歉，我一定要改掉这个坏习惯。

第二，对于公司的项目，那天你提出的想法很好，我非常认同。多年的合作中，你也应该清楚我不习惯发表意见，我不说话就已经说明我很赞同你的想法。但是，可能是因为这个项目太重要，那天你总是在询问我的意见，我很赞同你的看法，可我确实没有什么意见可说。你一再追问，我却始终沉默，所以你就以为我对你的这个重要项目不上心。我并没有向你泼冷水的意思。所以，我要向你道歉，我希望能成为你亲密的伙伴。

第三，我不应该在闹这么长时间矛盾后还不主动道歉。因为这个特殊的项目出了问题，让公司蒙受了巨大损失，你和我都受到了批评。我知道你心里肯定在抱怨我，认为我的冷漠导致你失去了积极性，所以习惯主动道歉的你，这次也沉默了。其实我已经清楚了这次错误的严重性，是我犯了错误，可我却没有主动道歉。

我真心希望，通过这封信，你能够理解并原谅我，让我们的友谊可以继续下去。

泰德

马歇尔读后，深受感动。他不敢想象工作中如此冷漠的上司、生活中如此冷清的朋友，居然给自己写了这样一封充满温情的道歉信。他除了震撼，还有感动。他知道泰德骨子里是个温和的人，也因此他们由工作伙伴发展成了生活中的朋友，但他没想到泰德居然如此诚恳。马歇尔亲自登门，两人重归于好，而且关系比以往更亲密。他们俩共同努力，把公司那个糟糕的项目重新做了一遍，最终挽回了损失。

只有懂得共情的人，才能把握好善良和尊重的尺度，才能用合适的方式与人为善。在互动过程中，人们往往因为感受到了对方的这种友善和尊重，才会在不知不觉间增进与对方的感情。从心理学角度看，如果一个人做了与他惯常的作风几乎完全相反的事情，往往能给对方留下深刻的印象，甚至让对方震撼。

在实际管理中，道歉是这种方式实际、有效的运用，它既不会花费太高的成本，也不会太伤自尊心，却能给你带来超过千万倍的回报，让你的管理如鱼得水。缺乏“身心下沉”，你就可能难以意识到自己的错误，也很难改进自己的管理；你与员工之间可能会出现一道“鸿沟”，让你的管理成效甚微。

也许在你的员工看来，你不可能给他们道歉，不会为自己的错误行为买单。所以，当你偶尔道歉时，常常能激发出员工的许多情感，如感动、温暖等。

你要明白，道歉不但不会让你在员工面前“丢面子”，反而能修复你与员工的关系。当你说出“对不起”的时候，彼此的关系其实就已经在修复了。只要你用对方法，就很可能会达到理想的效果。

在道歉的过程中，辩解是最忌讳的行为。一旦你为自己的行为辩解，不仅会让问题重新变得复杂，还会让道歉的效果大打折扣。道歉之后，你还必须告诉员工自己将如何改正错误，只是简单说一句“今后会改正”是远远不够的，你要亲口告诉员工自己将在哪些方面改正。

即使员工接受了你的道歉，之后你仍要谨言慎行。因为员工已经知道了你正在准备改变，会自然地将注意力集中在你的身上，关注你的一言一行，如果你不加注意，你的任何一点儿过错都可能被放大。因此，必须树立这种意识：员工是挑剔的观察者、严苛的“选民”，所以你要时刻保持“惶恐”的状态。

共情需要坦诚的自我评估

美国南北战争期间，林肯总统曾签发了一项命令，调动了一些军队，结果被当时的作战部长爱德华·史丹顿生气地评价为“笨蛋”。爱德华·史丹顿之所以生气，是因为他认为林肯干涉了他的决策。

林肯听说了史丹顿的这番评价后，很平静地说：“如果史丹顿说我是笨蛋，那我一定是，因为他几乎从来就没出过错，我得亲自去看看。”林肯匆忙赶到史丹顿那里，一番交流之后，他知道自己签发了一项错误的命令，于是赶紧收回。

在这则故事中，你看到了身为总统的林肯的一个侧面，他之所以能成功，与他能接受别人的批评并主动承认错误是分不开的。

面对史丹顿的批评，林肯并没有反驳，而是虚心接受。

那么，作为领导者，你又能从这则故事中得到什么启示呢？

如果以企业管理的角度来说，林肯无疑是团队中具备超强共情力的领导者，作战部长爱德华·史丹顿就是林肯的“员工”。面对员工的评价，作为团队领导者的林肯能从事实出发，虚心接受员工的批评，勇于承认自己的错误并积极改正，表现出了难能可贵的共情力。共情需要坦诚地自我评估，这也让林肯有了新的发展方向和自我蜕变的可能性。

作为领导者，你在管理团队时也要广开言路，虚心纳谏，知错即改。主动承认错误，其实并不是坏事，反而会树立起你负责任的正面形象，修复受到损害的关系，凝聚团队的向心力。

英特尔公司前 CEO 安迪·葛洛夫认为，“所有处于管理岗位上的人，无论男女老少，都担心一旦承认错误，就会毁掉自己千辛万苦赢得的尊敬。事实上，承认错误是力量、成熟和正直的标志”。作为团队的核心人物，如果没有坦诚面对过失的态度，不仅难以树立起好形象，还会成为员工的坏榜样，导致员工在犯错误后不认真反思，并推卸责任，犯越来越严重的错误。

让员工参与决策

员工的参与度如何，从短期来看，直接影响着管理的效果；从长远来看，则影响着员工的成长，关乎企业的发展。换句话说，管理成功的基础是团队不同层级员工间的高度配合。在这个过程中，领导者需要员工的参与，只有将传统的单向管理改为参与式管理，最后才能保障良好的执行效果。

而在这个过程中，共情力是引导员工参与不可或缺的能力。管理中缺失共情，员工完成工作的过程中就可能会存在参与度不均衡、情绪消极化和交流浅表化等问题。可见，管理中需要你与他人建立信任、密切联系和增进合作，也需要最大限度地提高员工的参与度。无论从哪个方面说，缺失共情对团队和员工自身的发展都极为不利。

心理学家研究发现，在人们的潜意识中，一旦某件事情跟自己扯上了关系，他们就会产生想要深入了解、参与其中的欲望。能否激发员工的参与欲望，与之后他们在工作中的表现息息相关。如果他们的参与欲望非常强，他们工作会相当自觉自主，如此一来，工作效率会大幅度提高，你管理的效力也会大大增强。

卡扎菲医师在纽约布鲁克林区的一家大医院工作。有一段时间，医院需要新添一套X光设备。许多厂商听到这个消息，纷纷前来介绍自己的产品，负责X光管理部门的卡扎菲医师因此不胜其扰。

但是，有一家制造商采用了一种很高明的技巧。他们寄来一封信，内容如下：

我们工厂最近有一套X光设备，前不久才运到公司来。由于这套设备并非尽善尽美，为了能进一步改良，我们非常诚恳地请您前来拨冗指教。为了不耽误您宝贵的时间，请您随时与我们联络，我们会立即开车去接您。

“接到信，我感到非常惊讶。”卡扎菲医师说，“以前从没有厂商询问过我的意见，所以这封信让我感到自己非常重要。那一星期，我每晚都忙得很，但还是取消了一个个约会，腾出时间去看了看那套设备。最后我发现，我越研究就越喜欢那套机器了。

“没有人向我兜售，我自己向医院建议买下了整套设备。”

管理学中有一个“同人法则”，这个法则认为，领导者可以试着将员工当成合伙人。同事之间合作气氛越好，大家的心情自然就越好，工作效率也就越高，领导者也会很高兴。

美国著名心理学家雷德曾说：“不能以命令的口吻，而应以提问的方式对待他人。”这是领导者应该牢记的准则之一。当我们在询问对方意见时，可以让对方参与到这个项目或问题中，这样能让对方充分地表达自己的观点。

毫无疑问，几乎每个人都会支持他自己参与创造的事物，因为这是他自己做的决定，是他智慧的结晶。要想强迫一个人接受另一个人的想法，实际上非常困难。员工之所以赞同你的看法，其实主要是出于对领导者权威的畏惧，换言之，是由于你潜在的强迫。而这样的结果并不能对你的工作起到积极的促进作用，你需要做的是让员工加入到讨论中来。

在开会的时候，总会有一些员工缺乏参与意识，一句话都不说，对会议达成的决定又总是表现出无所谓的消极态度。如果让他们发言，通常也不会有好意见，所以用直接点名发言的方式不一定起作用。

这时候，如果集中让其旁边的人发言，就能够提高他们的参与意识。因为他们会觉得旁边的人都相继发言了，自己也不好继续保持沉默。这种心理反应会迫使他们不得不发言。

此外，你可以通过激励增强员工的“主人翁”意识，具体方法是让员工不仅成为被激励者，也成为激励者。但是你得注意，激励一定要讲规则，这样员工才会认可，不能仅凭你的喜好随意安排。例如，当你在分配奖金的时候，就不能太随意，而是要确定一套规则：必须让每个员工都签字同意，分配的奖金才算有效。其实原本的分配就已经非常合理了，之所以多这道程序，是为了让员工在签字的那一刻产生一种“我在决策”的感觉。

多关爱有困难的员工

俗话说："严是带兵之道，情是带兵之本。"就是强调你得多关爱员工。

从管理学的角度看，用情感染员工，可以将员工的心收拢在一起。员工和企业并不仅仅是雇用与被雇用的关系，更是和谐、共同发展的"友谊关系"。而要想维护好这样的关系，就得给员工一种"家一般的感觉"，让他们愿意为了企业这个"家"去努力奋斗。

你越是关心、爱护员工，员工就会更加拼命地为企业效力。心理学中的"换位思考"说的是在人际交往中要懂得站在对方的立场上，为对方考虑，不能一切都从自我出发。

英国的克拉克公司原来是一家很小的公司，它的业务只不过是为顾客的草坪施肥、喷药。但它的经营思想、管理方针十分独特，许多专家称它是唯一一家真正体现"爱的思想"的公司。正是这种"不合常规"、强调"爱"的经营思想和方式，使公司获得了巨大成功：克拉克公司创业时只有5名员工、两辆汽车，十年之后，已有5000多名员工，营业额高达3亿英镑。

公司创始人克拉克的父亲曾告诉克拉克：“员工第一，顾客第二，这样做，一切都会顺利。”克拉克公司一直坚守这个信条，对员工如同家人一般，为用户尽心尽力提供服务。在克拉克公司，喷药、施肥的工人被尊称为“草坪养护专家”，是公司里最重要的人。

克拉克关心工人，是出于感恩，而不是装腔作势或沽名钓誉。一次，克拉克提出购买一个废船坞，想把它改建为公司供员工免费度假的度假村。公司高级财务管理人员通过细致的核算，发现这个计划超过了公司的实际支付能力，他们费了好大劲儿，才说服克拉克放弃这个购买计划。

可是，没多久，克拉克又想在一片沙滩上修建员工度假村，财务人员再次劝阻了他。后来，克拉克瞒着公司高级管理人员，买下一条豪华游艇，让员工度假。他又包租了一架大型客机，让员工去外国旅游。

事后，主管财务的副总裁说：“克拉克要我签字时，根本不知道我是否付得起这笔钱！可是我看到那些从未坐过飞机的员工上飞机时的表情后，再也无话可说。”在克拉克看来，员工开心，他才会开心。

与克拉克类似，沃尔玛创始人沃尔顿也曾说："企业谁是第一位？顾客！但是要想让沃尔玛的所有顾客都成上帝，你就必须善待和尊重你的员工。"管理学中的"换心效应"也是同样的道理。只有你先将关爱之心给员工，员工才会以十倍的热情和诚心回报你。

EMPATHY MANAGEMENT

第七章

有温度的沟通才有穿透力

沟通：70% 是情绪，30% 是内容

有人说过这样一句话："沟通，70% 是情绪，30% 是内容。"我认为这话说得很有道理，良好的情绪流动，温暖的共情能量，往往比沟通的内容更有穿透力。

我们先来看一个案例：

赵凯是一家公司销售部的经理，最近签了一个大客户，目前双方正处于签订合同阶段。

赵凯希望一周之内把合同签下来，因为一周以后这个客户老板要出国，很久以后才能回来，如果不尽快把这件事解决，他担心中间会有什么变数。

可是时间过去三四天了，赵凯发现公司财务主管还没有审完合同，时间已经很紧迫。

赵凯接连催了好几次，但是还是迟迟没有拿到合同，于是火气就上来了，冲到财务部跟财务主管吵了一架。

这件事惊动了整个公司，公司高层只得出来调节。最终发

现，财务主管之所以迟迟不肯通过合同，主要是因为财务部发现这个合同的一些条款对公司不利，需要进一步评估。

类似的冲突，在职场中很常见，同事之间因为沟通不畅而发生冲突，上下级之间因为业绩不达标而发生冲突，部门之间因为配合不佳而发生冲突。组织中存在冲突不可避免，这些冲突中有些是消极的，有些是积极的。但是，我们如何避免其中无谓的冲突呢?

哈佛大学商学院通过一项研究发现，化解或避免沟通中的冲突，最佳方式是共情。那些在沟通中游刃有余的人，都是共情的高手。共情沟通，是要站在对方的角度，理解对方的感受，在情感的真切共鸣中，表达出自己想要表达的内容。

美国心理学家亚瑟·乔拉米卡利在《共情的力量》中说："当你对他人表现出共情时，他们的防范意识会下降，积极的能量会取而代之。这意味着你可以用更有创造性的方式解决问题。"

用共情的方式沟通更有说服力，因为你将自己的心摆在了对方的位置，感同身受而有感而发，爱与关怀自然流露其中，这比一切复杂、深刻的话语更有力量。

一切沟通技巧，都不如怀着一颗真心的共情。因为共情，所以总能把话说到别人心坎里；因为共情，所以总能无声无息地温暖别人；因为共情，所以沟通才成了一种心灵上的交流。

“非正式沟通”更能融洽关系

优秀的管理者除了善于运用正式沟通，还懂得充分利用非正式沟通。

所谓非正式沟通，是指在办公室等正式沟通渠道之外进行的各种沟通活动，一般以办公室人员之间的交往为基础，通过各种各样的社会交往而产生。例如，书面报告、会议、工作汇报等都属于正式沟通。而在吃饭时间、工作的间隙、下班路上等进行的沟通，都是非正式沟通。

可能有些领导者担心，如果把沟通搞得太随意，模糊了工作与生活之间的界限，不但会降低自己的权威，员工还可能不会把沟通的事情当回事，以致影响沟通的效果。实际上，非正式沟通更能达到很好的效果。如果你表现得高高在上，刻意与员工保持距离，大家反而觉得你在摆官架子，也就很难提升团队的凝聚力和工作激情，会严重影响团队的工作。

从某种意义上讲，非正式沟通是一种很好的共情沟通。因为相对而言正式沟通是理性的，而非正式沟通是感性的，虽然我们靠理性行动，但是得依靠感性认知和维系关系。采用非正式沟通更能与员工打成一片，有什么话题都在一起探讨，不必刻意跟员工保持一定的距离，这样更能创造融洽的沟通氛围，达到最佳的沟通效果。

杰克·韦尔奇被誉为“20世纪最伟大的CEO”之一。在他担任通用电气公司CEO之初，通用电气公司的内部还存在着森严的等级制度，机构臃肿——有从上到下的8个层级，多达350个经营单位。这样庞大的机构，让通用电气公司在残酷的市场竞争中不堪重负，开始走下坡路。

在杰克·韦尔奇一番大刀阔斧的改革之后，通用电气公司的层级变成了4个甚至3个，原有的经营单位数量被削减了25%，减少了十几万份工作，所有的经营单位被裁减合并为13个主要的业务部门，总资产被卖掉近280亿美元。

让杰克·韦尔奇最引以为傲的是，他亲手建立了非正式沟通机制。通过这种沟通，杰克·韦尔奇不失时机地让员工感到了他的存在。

对于几乎所有人来说，让通用电气公司的内部沟通变得“非正式”，都意味着要打破原有的管理体系，也意味着不同层级之间交流的增多，让即使最低层级的员工也能感受到自己是在为一个与自己相知甚深的领导者工作，而非刻板、庞大的公司。

例如，杰克·韦尔奇每个星期都会出其不意地造访某些工厂和办公室，临时与员工或经理共进午餐，用传真机向工作人员发送由自己亲手书写的便笺。

杰克·韦尔奇提笔为员工写便笺，主要是为了表示对员工的关怀，让彼此从单纯的上下级关系升华为平等关系。一位曾与杰克·韦尔奇密切合作过的通用电气公司的经理曾生动地描述了他眼中的杰克·韦尔奇："他会追着你满屋子转，不断地和你争论，反对你的想法。你必须不断地反击，直到说服他同意你的想法为止。这时，你可以确信这件事一定能成功。"

杰克·韦尔奇曾说："我们希望人们勇于表达反对的意见，呈现出所有的事实面，并且尊重不同的观点。这是我们化解矛盾的方法。""良好的沟通就是让每个人对事实都有相同的意见，进而能为他们的组织制订计划。真实的沟通是一种态度与氛围，它是所有过程中最具互动性的，其目的在于创造一致性。"

这就是与员工进行共情沟通的价值所在，对你同样具有重大的意义。共情沟通更易于你与所有员工达成某种共识，与他们一起面对问题，能体现你对他们的支持。

双向的沟通才是共情沟通

作为领导者，你总免不了遇到员工不能完全理解你的意图的情况，也许下面这个故事，能给你一些启示。

有个秀才家里需要些柴，于是他跑到市场上。看见远处有个卖柴人，他便高声喊道："荷薪者过来！"

卖柴人没有多少文化，不知道秀才喊的"荷薪者"指的是什么，只是听懂了"过来"这两个字，就担着柴走到秀才面前。

秀才问："其价如何？"

卖柴人有点儿迷糊，只听得懂"价"这个字，于是跟秀才说："两钱一担。"

秀才又说："外实而内虚，烟多而焰少，请损之。"（你的柴外表是干的，里头却是湿的，烧起来烟多火小，请减价。）

这下，卖柴人是一点儿都听不懂了，担起柴扭头就走了。

你从上面的故事里体会到了什么呢？很显然，问题出在了秀才不会用卖柴人听得懂的语言表达。

同样，与员工沟通的时候，你的表达方式也可能无法明确传达你的意思，而且你可能没有找对谈话的对象和时机——不是员工没有好好听，而是你没有清楚、明确地表达。员工没听懂却碍于情面不问，靠着三分猜度去做事，这样一来，自然也就无法达到你的要求了。管理大师彼得·德鲁克说，当我们对木匠说话时，我们要使用木匠的“行话”。

很多人都明白这样一个道理——如果说感情是单向的我对他，移情是单向的他对我，那么共情是双向或多向的互动。这个感受是结构化、有层次感的。如果无法共情，人就是冷冰冰的，缺少觉察移情，会陷入以自我为中心，无法理解他人。如果彼此无法理解地去交流，就仿佛两条平行线，彼此看得见，可是无法交心。

可见，共情沟通是一种双向互动的沟通方式。很多时候，我们仅仅是表达了自己的观点，却没有考虑自己的表达方式是否适合对方，以及对方会有何感想。共情沟通需要双方密切配合，既要求领导者创造轻松的沟通氛围，让员工无拘无束，打开心扉，也要求员工开诚布公，畅所欲言。其目的是通过征求各方面的意见，求同存异，择优去劣，达成共识。

所以，要想取得高质量的沟通，你必须使用通俗的语言。你不仅要简化语言，还要考虑到对方能否听懂你的话，最好以对方的语言来说话。只有双方都能理解，沟通才会顺利进行。德国著名剧作家华格纳说："除了留心你的声音听起来如何，还要注意你所使用的字眼儿。如果你是习惯使用大量华丽辞藻的人，要当心并非每个人都听得懂，可能很多人会觉得枯燥无味——即使他们同意你所说的主题。"

拜访过美国第32任总统罗斯福的人，没有一个不对他广博的见闻佩服得五体投地。一位拜访过他的人曾说："不论来访的是勇敢的骑兵队队员，还是政治家、外交官，罗斯福都能谈起适合对方身份的话题，彼此的交谈都十分愉快。"

罗斯福是如何做到的呢？很简单，他知道有人来访，就在前一天晚上查阅来访者的相关资料，所以，不论来访者是大人物还是小市民，会谈时都能找到对方感兴趣的话题。

使用对方的语言沟通，才是真正的共情沟通，也才能更容易与对方达成共识。那么，如何实现共情沟通，如何轻松、有效地向员工表达你的决策和战略呢？

第一，要明确此次沟通的主题和目标。有了明确的主题和目标，才能把握住沟通的关键，知道自己想要表达什么，或者传递什么信息，只有这样，员工才能理解你的话，这是共情沟通的前提。

第二，要找对沟通的对象。要充分了解你的团队构成，掌握每个员工的分工，在沟通之前，不但要了解他们当时的工作内容和进程，免得沟通时驴唇不对马嘴，还要了解每个人的性格特点和做事方式，以对方能够接受和容易理解的方式沟通。

第三，要选好沟通的时机。例如，尽量不要在员工正忙得焦头烂额的时候去沟通。还要注意当时的气氛，不要在员工庆功时指出他们的不足。

第四，要保持良好的沟通态度。无论员工做了什么错事，都不要劈头盖脸地上来就骂，要耐心听他们解释，保持尊重和礼貌，坦诚地说出你的想法。而对于表现出色的员工，也要及时表达你的赞赏和感谢，适时的夸奖依然是解决沟通问题非常有效的方法之一。

第五，要选好沟通方式。现在是网络发达的时代，沟通的方式越来越多样。小事可以在网络上沟通，不仅能使双方的沟通更便捷，也能防止员工在面对领导时畏首畏尾，还能留作备份，以便日后查看。而多部门的沟通可以以坐在一起开例会的方式，通过 PPT 等形式，直观地展示各部门的工作进程和想法，也更适合交叉沟通并联络感情。你还要学会根据不同的情况使用不同的方式，实现有效沟通。

第六，沟通结束要让员工复述、确认。复述是把领导的话原样表达一遍；确认是问员工是否真的明白了。这样才能了解员工是否掌握了此次沟通的主题，你是否达到了沟通的目的。

给予员工肯定和欣赏

懂得共情的领导者在与员工相处时，懂得观察和重视员工的情绪和感受，不说过于敏感的话刺激员工，会适时给予对方肯定和欣赏。这是因为他们会考虑员工的感受，能站在员工的角度想问题。

当你对自己要表达的对象表现出共情力时，你可以用更有创造性的方式解决问题，这样你不仅能真正理解他人的感受，还能让他们爱听你说话，增进彼此之间的关系。

著名的《连线》杂志曾在乔布斯去世后撰文道："世界最想念史蒂夫·乔布斯的一件事情将会是他的嘴，尤其是他独树一帜的说话风格。"

乔布斯生前对员工的直接赞美并不多，对苹果公司的产品却从不吝惜溢美之词。

其实，这是乔布斯在间接地赞扬员工，毕竟苹果公司的产品无一不凝结着员工的心血，只是在乔布斯这里变换成了另一种赞美方式而已。

还有一件小事也发生在乔布斯的身上。20世纪90年代末，乔布斯打算与疏远多年的朋友杰夫·拉斯金重修旧好。

他没有直接去找杰夫·拉斯金，而是在一个晚宴上与其他人评价杰夫·拉斯金，说他不仅仅在计算机方面有天分，在其他各方面也非常聪明。

这话很快就传到了杰夫·拉斯金的耳朵里，杰夫·拉斯金很高兴。很快，他就与乔布斯重修旧好、握手言和了。

这两件小事都彰显了乔布斯强大的共情力。无论是对苹果公司的员工还是多年未曾亲近的旧友，乔布斯都巧妙地用赞美的方式，让双方的关系更加紧密。

在电影《甲方乙方》里，葛优对70多岁的老大娘说："大娘，您有40了吧。"虽然这样的赞美显得有点儿夸张，却能让老大娘非常开心，在情感上拉近了与葛优的距离。

这样的表达也许你不习惯，但对很多人来说非常实用，被看作是对听话人的肯定、理解和欣赏。

不过，要让赞美他人的话得体，至少不那么假。你可以把赞美分成"认可"和"表扬"两步。第一步是描述事实和细节，第二步才是真正夸奖他人。赞美 = 认可 + 表扬。

认可，就是肯定对方的行为。例如，一个员工给了你一份报告，你觉得不错，想表扬他，如果你说"做得不错，很好"，员工会觉得"我到底好在哪里呢？"你可以这么说："你的报告开头用一句话做了总结，这样我一看就知道这份报告的中心内容了（认可一定是在具体的行为细节上，这样员工就会关注这一点），这份报告做得很好（表扬）。”

你也可以这么说：“刚才我看见你在客户很愤怒的时候一直很耐心地听客户的投诉（在具体行为上认可），而且你关注到了客户的情绪（在具体行为上认可），你是一名优秀的客服人员（表扬）。”

你还可以这么说：“刚才小王不在的时候你帮助他接待了他的客户，等小王回来的时候还把与客户谈话的详细记录给了他（认可），这种相互帮忙、服务客户的行为值得鼓励（表扬）。”

动之以情，才能晓之以理

第二次世界大战期间，面对德国军队的进攻，时任英国首相的丘吉尔通过一场振奋人心的演讲，鼓舞了英国人民与德国法西斯斗争到底的意志。

后来，据丘吉尔的秘书回忆，在正式演讲之前，丘吉尔曾在他面前进行过一次试讲，用他的话说，当时的丘吉尔“哭得涕泗横流，像小孩子一样”。可见，要想让对方动情，第一步也是最重要的一步是先让自己动情。戴尔·卡耐基说：“将自己的热忱与经验融入谈话中，是打动人的速简方法，也是必要条件。如果你对自己说的话不感兴趣，怎能期望他人感动？”

可见，要想感动别人，首先必须感动你自己。

感情和感觉，被誉为“人性的基础”。作为领导者，你与员工沟通时，要想赢得他们的认同，激励他们的斗志，就要用你的真情实感去打动他们。

圣诞节快要到了，朗力公司的行政主管杨·凯维尔悄悄吩咐秘书定做了一批纯金西服别针，而且在圣诞节前夕分别寄到朗力公司每位员工的配偶手中，就连公司的老门卫汤姆·托玛逊的太太也在圣诞节的前几天收到了一枚。

有人问老门卫得到这枚别针后是什么感觉，他说：“那是圣诞节的前几天，我像往常一样下班回到家。一开门，我的妻子就从房间里冲了过来，搂着我就是几个狂吻，并大声说：‘汤姆，你真棒！’她的眼睛里还闪着泪花。我不明白发生了什么事。妻子激动地说：‘汤姆，你看看桌子上是什么？’我看到桌子上放着一个精致的小盒子，盒子里摆放着一枚金光闪闪的别针。”

除了纯金的别针，托玛逊还在盒子里发现了一张小纸条，上面写道：

尊敬的托玛逊太太：

感谢您一年来对托玛逊先生工作的全力支持，使得朗力公司的工作取得了很大的成就。我谨代表我个人向您表示衷心的谢意。

杨·凯维尔

公司领导者的信任与尊重，极大地激励了托玛逊。收到别针的那天晚上，他和妻子一边喝着酒，一边沟通。他们沟通的话题是明年该如何做才能不辜负领导者的期望。托玛逊决定只要公司一天不辞退他，他就尽最大的努力做好自己的工作。

从这个故事中可以看出，凯维尔是一位善于用情感作为激励手段的高手，他通过与员工家属建立融洽的关系激励了员工。有了家人的支持和期待，员工与公司的联系就会演变成家庭与公司的联系，当员工的家人为员工所在的公司感到自豪的时候，员工对公司的忠诚度也会大幅度提高。

我国近代思想家梁启超说："天下最神圣的莫过于情感。用理解来引导人，顶多能叫人知道哪件事应该做，哪件事怎样做，但与被引导的人到底做不做没有关系。有时所知得越多，所做得倒越少。用情感来激发人，好像磁力吸铁一般。有多大分量的磁，便吸引多大分量的铁，丝毫容不得躲闪。所以，情感，可以说是一种催眠术，是人类一切动作的原动力。"

要想成功打动员工，并不是所有的公司都能像凯维尔这样，更多情况下，你要通过与员工的日常交流感染他们。生活中，大部分人都是通过别人说的话及说话时的表情判断这个人是否是真情实意。也就是说，想要打动员工，首先你要注意自己的措辞。抽象的话往往无法打动人心，所以必须实在一点，要结合员工最近的生活状况。说话时的表情也要到位，要让员工感受到你的确是在关心他们，只有让他们有了被认同的感觉，他们才能接受你的意见。

与员工真正有效的互动，不是传统的"上对下"的传达，而是基于对团队的贡献进行的讨论。

你可以提议员工从领导者的角度考虑团队建设问题，或者询问员工需要什么帮助，这将有利于你与员工建立起"互动式沟通"。

如何抚慰情绪化的灵魂

从行为学的角度来说，容易情绪化的人通常具有三个共同特点——对控制权的过度需求、力求正确的需求和力求胜利的需求。他们会把大多数情形视同一种竞争，一旦决定夺取胜利，就会经常表现出一种胁迫性行为。

从心理学的角度来说，容易情绪化的人喜欢发表意见、支配别人，他们的骄傲、自尊与正义感容易受到感情的支配。实际上，许多有聪明才智的人都会鼓励对方释放长期压抑的怨气，只有一吐为快后，他才能平静地做自己的事情。

对于容易情绪化的员工，你可能会觉得跟他们讲道理实在太难了，而且看起来他们也懒得去琢磨你讲的道理。

与容易情绪化的员工交流时，你首先要理解他们的情绪化行为的缘由，这对你与他们更进一步交流有帮助。你还要以减少无效沟通带来的紧张感并将讨论引向富有成果的方向作为目标。为了实现这个目标，你必须学习一些沟通技巧。

首先，你应当先倾听，允许或引导他们发泄一下情绪，以减弱他们言语的攻击力。你要认识到，这些员工的情绪化反应，通常不是针对你，而是针对某件事情。不要在他们说话的时候随意打断并妄加评论，也不要试图通过讲道理消解他们的愤怒。

心理学中的倾听实际上并不仅仅指“听”，还指体验对方的情感和他持有的观念。

不少领导者在开会或者跟员工沟通时，习惯先发言：“我来说几句……”噔噔噔说完一大通话后，装作特别谦虚的样子问大家：“各位还有什么意见啊？尽管提，尽管提！”

可是你有没有想过，这句话一出口，员工也没办法再提意见了。跟你争辩，最后落个不欢而散，你不高兴，他们也不高兴；顺着你说，员工心里未必服气。这些都不是真正的共情沟通。

共情沟通，首先要考虑的是如何倾听——怎样让对方充分表达自己的意见。所以，最好的做法不是说，而是问。你一说，就相当于是先定调了。你都先定调了，让别人怎么办？所以，这个时候，即便你心里有一百个主意，也得装作什么想法都没有的样子问：“大家有什么看法啊？”

一个出色的倾听者，一定懂得共情，不会抹杀或改变沟通的对方真实的感受。因为共情首先是准确分辨对方的情绪，其次是尊重和接纳对方所有真实的感受，再次是站在对方的角度思考与处理问题。

在听的时候，你必须全身心地投入，关注员工的非言语行为，如肢体语言、面部表情，通过感受对方声音的变化去体会和安抚他们的情绪，听出他们的无声之音、弦外之音。心理学家建议我们，不管对方的情绪如何，要避免目光逼视、游移不定，最好不要显出与述说者过于亲密。

不懂得安慰他人的人，实际上共情能力很弱。当一个人向你倾诉心声的时候，你重点关注的不是事情本身，更不是他的对错，而是他的心情。只有共情，才能促使一个人真正从内心深处疏解情绪，靠自己找出解决问题的最佳方式。

稳定了员工的情绪后，你们之间的沟通才能真正开始。在这个阶段，你依然要用他们熟悉的语言，不要跟他们讲道理，情绪化的员工很难接受你给他们讲道理。

其次，适时表达你对他们遭遇的认同也是非常有必要的。尽量做出“安全”的反应，以避免他们的情绪崩溃。情绪化具有非常强的破坏力，可能会让你与员工的沟通偏离主题，所以，仔细聆听以确定他们的想法就显得非常重要了。

最后，不要试图控制与情绪化员工说话的节奏，也不要让他们产生你在试图控制他们的感觉。所以，适时交出沟通过程的控制权，而且使用建议性的表达，将有利于稳定他们的情绪。

许多人能听完对方的话，不打岔不抱怨，但这并不见得是真正的共情沟通。如果出现以下这些情况，那就绝非共情沟通。

1. 寻找区别。聆听者在听对方说话的时候，挑出话语中那些自己认同和不认同的部分，听到认同的就点点头，听到不认同的就说“是这样……但是……”。这样的聆听者并没有真正去理解对方的话。

2. 自说自话。这类聆听者完全赞同说话者的见解，但是他们只是单纯地听对方说话，对方说完之后，他们会继续自说自话。对方说话的时候，他们考虑的是自己接下来要说什么。

3. 只抓部分。说话者提到的某一点让聆听者突然产生了一个想法，然后聆听者开始深入考虑这个想法，完全不顾说话者说的其他想法。不管聆听者的这个想法是否有用，只抓部分的沟通也不是真正的共情沟通。

4. 口头同意。不管说话者说了什么，聆听者总是先安抚对方，口头上接纳对方的意见或者表示同情和理解，但是他们并不赞同对方的观点，更有甚者心思完全没有放到对方说的话上。

先跟后带：先同频，再说服

在与员工沟通的过程中，很多领导者的做法可能是直接下命令，或者跟员工讲大道理等。通过这些方式跟员工沟通，结果会怎样呢？

可以说，效果应该比较差。可以设想，你越想以命令的方式要求员工，员工越无法心甘情愿地接受，他们会越来越以极端的方式对抗。

为什么呢？一方面，员工的大脑里已经有了根深蒂固的看法，而且如果你问他们一些与这些固有看法有关的事情，他们往往会毫不迟疑地说出默认的答案，根本不会再动脑子。另一方面，员工大脑中理性和感性是分裂的，不能互相对话，这种情况下会对外界的说服产生抵触。

根据我的经验，说服员工比较有效的方法是"先跟后带"，即先跟随对方，再把对方带往你想要去的方向。也就是说你首先要把自己和员工调整到一个频道上，这样沟通说服才有效果。

可能我们清楚员工内心的想法，可是很多时候我们没有回应和描述，没有做到有效的共情。没有明确用语言表达的想法或情感，就像是藏在你们家柜子里的一条蛇，具有很强的情绪能量，让你怕得不行。但是，当一种想法或情绪被语言情绪描述了，它就变得像一条放在玻璃罩下面的蛇，情绪张力会大大减弱，这就是描述员工需求或情绪的作用机制。

“先跟后带”是对员工的一种共情。及时有效地描述员工的需求，其实是告诉员工你懂他。这种沟通方式会让员工逐渐具备自我管理能力。

可能你会问，如果对方的观点与你的不同该怎么办？

举一个例子：

假设你是一家推销新商品的推销员。

起初顾客可能会说：“我没有钱。”

你可以这么问：“您是不是说，您有兴趣，但是没钱买？”

顾客说：“是的。”（你看，这就得到了第一个肯定的回复。）

接着你可以问：“那么，当您有钱时，您会选择买一件吗？”

顾客说：“是的。”（又一个肯定的回复。）

顾客补充说：“不过我没钱买。”

不要泄气，接着问：“我现在有一个办法，可以让您以便宜很多的价格买到这件商品，还可以让您赚钱，您愿意听一听吗？”

顾客说：“有这样的事？不可能吧？”（你看，顾客开始感兴趣了。）

这时你要趁热打铁：“我说的是如果，如果有，您愿意听吗？”

顾客就会掉进你的“先跟后带”里：“愿意呀，你给我讲一讲吧。”（你看，谈生意的时刻到了！）

“先跟后带”的精髓在于，不断让对方肯定你，最后将他引到你想说的事情上。与员工沟通也是一样的道理。采取“先跟后带”的沟通能让员工理性的部分和感性的部分有效对话，逐渐让理性的部分去有效地管控感性的部分。

例如，员工说，我工资低。你可以说，你有上进心，希望获得更多的收入。你可以先肯定他，然后跟他探讨如何才能获得更多的收入。你可以问，那按照公司的规定，怎样的条件下才可以涨工资呢？你需要我帮助你提升哪些能力，从而提升你的收入呢？

例如，一个销售员说，其他销售员报低价，抢走了我的客户。你可以说，你很在乎客户，说明你希望有好的业绩。还可以说，你说其他销售员报价低，说明你对公司的销售规则很了解。先肯定他，然后可以问，你看看怎样解决这个问题，避免类似的事情再次发生？

再例如，生产总监说，销售总监的订单预测不准，导致他无法按时交货。你可以说，你希望按时交货的动机很好，说明你把客户利益放在第一位。这是在肯定对方。然后可以说，那你和销售总监一起开会，看看怎样既照顾到你们生产部门的考核标准，又可以按时交货，让客户满意，怎么样？

除此之外，还要把焦点放在员工的利益而不是你自己的目的上。

绝不简单说“不”

一位财务主管因为不清楚自己为什么总是不被员工尊敬，他的首席执行官就让他请教当地一位有名的企业管理专家鲁迪。他第一次与鲁迪见面的时候，就跟鲁迪说了员工对他的不满。他还对鲁迪说：“可是鲁迪，事情不应该发展成这样。”

鲁迪说：“你没有意识到你太喜欢说‘不’‘但是’或‘可是’，员工会觉得他得不到肯定，结果就会变成这样。”

他又说：“如果是这样，我可以不说。”

“这样吧，”鲁迪说，“下次再听见你说这样的话，我就罚你10美元。”

“但是，”他说，“这并不……”

“10美元。”

“不，我没有……”他又反驳了。

“20美元了！”

他抗议地嚷道：“不，不，不。”

“30，40，50美元。”鲁迪把罚金连续提高。

在不到一个小时的时间里，他一共损失了300美元。又过了两小时，他似乎弄懂了鲁迪的意思，离开之前跟鲁迪说："谢谢。"

一年之后，员工都说财务主管脾气变好了，也逐渐开始尊重他。当公司首席执行官和他在开年会的时候，一位首席运营官给首席执行官做了一个报告，首席执行官说："你说得很对，可问题是……"

他就坐在首席执行官的旁边，轻声地打断了上司的话："不好意思，您最好说'谢谢'。"

那位首席执行官看了他一眼，轻轻地拍了拍他的肩，然后对那位首席运营官微笑着说："谢谢你。"

当一个人开始说"不"时，他的整个身体组织——内分泌系统、神经系统、肌肉——全部都会呈现一种抗拒的状态，通常可以看出身体出现了收缩或准备收缩的状态。反过来说，当一个人说"是"时，身体组织就没有收缩的现象，反而会呈现出接受和开放的状态。因此，你越能营造说"是，是"的环境，就越容易使对方接受你的想法。

纽约市格林尼治储蓄银行的职员詹姆斯·艾伯森就是采用这种方法挽回了一名年轻客户。

"那个人进来要开一个户，我照例给他一些表格让他填。

有些问题他平静地回答了，但有些他坚决拒绝回答。

“在我研究为人处世的技巧之前，我一定会对那个人说：如果拒绝对银行透露这些材料，我们就不能为你开户。我很惭愧自己之前都是这么做的。当然，采取断然的方法，我会觉得很痛快。我表现出谁才是老板及银行的规矩不容破坏。但这样做当然不能让一个进来开户的人有一种受欢迎、被重视的感觉。

“我决定在那天早上采用一点儿实用的常识，不谈论银行所要的，而谈论对方所要的。最重要的是，我决定在一开始就让他说‘是，是’。因此，我不反对他。我对他说，他拒绝透露的那些资料并不是绝对必要的。

“‘但是’，我接着说，‘假如你把钱存在银行一直到你去世，难道你不希望银行把这笔钱转移到你依法有权继承的亲友那里吗？’

“‘是的，当然希望。’他回答。

“我继续说：‘难道你不认为把你最亲近的亲属的名字告诉我们是一种很好的方法吗？万一你去世了，我们就能准确而不耽搁地实现你的愿望。’

“他又说：‘是的。’

“当那位年轻人发现我们需要的那些资料不是为我们，而是为他准备的时候，他的态度改变了！

“在离开银行之前，那位年轻人不但给我提供了所有关于他的资料，而且在我的建议下，开了一个信托账户，指定他的母亲为受益人，同时还很乐意地回答了所有关于他母亲的问题。

“我发现，一开始就让他说‘是，是’，他就忘掉了我们所争执的，而乐意去做我所建议的事。”

心理学家发现，人们有一种行为倾向：在连续做肯定的回答之后，遇到平时做否定回答的问题时，往往还会做肯定的回答。将此运用到管理中，如果员工表现出明显的抗拒心理，让他们立即转变观点会相当困难。这时，你可以从另一个角度出发，在小的方面实现彼此的共鸣，然后逐渐增加肯定回答的次数，这往往能够更快地获得他们的认同。

人性化的幽默能减少情感损耗

弗洛伊德对幽默做了这样的解释：主体能够在令人焦虑的情形中体验到乐趣。他认为，幽默“节省了情感的损耗”“它噙着泪水在微笑”。一句话，如果能够对艰难的处境抱以嬉笑的态度，我们就能阻挡痛苦的蔓延。

幽默还能够让你在情感上与他人同化，而不仅仅是在理智上体会他人的情感。美国一位心理学家说：“幽默是一种最有趣、最有感染力、最具有普遍意义的传递艺术。”

一个能够在情感上做出反应的人，比较容易对他人的悲伤和快乐感同身受。当人们觉察到幽默的时候，就会产生新的认知或情绪上的转变，引起外在的反应，如哈哈大笑或笑的时间增长，解除严阵以待的情绪，变得放松起来。

如果你与员工发生争论，员工始终不让步，情况非常紧张，这时候幽默一下就可以缓解和员工间紧张的氛围，回归原来友好的讨论。

威尔逊当选为美国新泽西州州长之后，有一次，在纽约出席一个午餐会。这个午餐会除了他之外，还有一些政界人士和商界人士参加，多是一些非常出色的人。但主持人在介绍他的时候，称他为“未来的美国总统”。这自然是对他的刻意恭维，可是在座的其他人产生了相形见绌之感，脸上都有些挂不住。

威尔逊想扭转这种一人得意众人愕然的局面。他起立致辞，在几句开场白之后说：“我感到自己在某方面很像一个故事里的人物。有一个人在加拿大喝酒过了头，结果原本该乘坐往北的列车，却上了往南的。

“大伙儿发现这个情况，急忙给往南开的列车的列车长打电话，请他把叫约翰逊的人叫下来，再送上往北的列车，因为他喝醉了。

“很快，他们接到列车长的电话：‘请详示约翰逊的名字，车上有好几名醉汉，他们既不知自己叫什么，也不知该到哪儿去。’”

威尔逊最后说：“我当然知道自己的名字，可是我不能像主持人一样，知道我的目的地是哪里。”

听完威尔逊的话，在座的名士全都大笑起来。威尔逊幽默而谦逊，通过一种自我抹黑的方式把自己的身份降低，让大家感觉地位平等并放松下来了。

1800年，约翰·亚当斯竞选美国总统。共和党人指控约翰·亚当斯，说他曾派其竞选伙伴平克尼将军到英国挑选四个美女做情妇，两个给平克尼，两个留给自己。约翰·亚当斯听后哈哈大笑说："假如这是真的，那平克尼将军肯定是瞒过了我，他独吞了！"

约翰·亚当斯利用幽默的语言既嘲弄了诽谤者，又使自己得以清白，让选民弄清了真相，最终当选为美国第二任总统。

有时候，你在与员工交往时也要幽默一些。幽默的人本就受人喜欢，幽默的领导者比古板严肃的更容易与员工打成一片。有经验的领导者都知道，要使员工能够和自己齐心合作，就有必要通过幽默让自己更具亲和力。

如何跟有逆反心理的人沟通

心理学认为，为了维护自尊，或者企图标新立异，或者仅仅是好奇心作祟，人们有时会对对方的要求采取相反的态度或者言行中有一种叛逆。也就是我们常说的逆反心理。

一位智者曾经说："当你试图说服对方时，首先要公正理智地讲述你的意见。然后说，我是这么认为的，但也许是我错了。"通常情况下，很少有人会说这样的话，人们会觉得如果是别人犯了错误，首先应该指出错误，而不是用谦和的口吻说自己错了。但这反而会让对方产生"是不是我错了"的感觉。

心理学中还有一个"禁果效应"，也与人们的逆反心理相关。禁果效应又被称为"罗密欧与朱丽叶效应"，是指越是禁止的东西或事情，人们越好奇和关注，越有窥探的欲望和尝试的冲动。之所以会产生这种心理，是因为人们无法知晓的那些"神秘"事物，比他们能够接触到的事物更有诱惑力，也更能促进和强化他们渴望接近和了解的心理需求。

作为领导者，在与员工沟通时，巧妙地利用员工的这种心理往往能够取得出乎意料的效果。如果直接告诉一位员工"你这么做是错误的”，员工可能会觉得自己的自尊心受到了伤害，因此会更加强硬地否认和反驳，即便他嘴上承认了错误，心里却过不去，觉得你是在挑他的刺儿。在这种逆反心理影响下，他在工作中很可能会陷入“你叫我这么做，我偏不”的情况。

而如果在沟通的时候加上一句“也许是我错了”，员工往往会觉得“可能是我错了”，并思考自身存在的问题，找到自己的错误，从而达到更好的沟通效果。

一位作家这样写道：如果别人强烈指责你，你会非常不满，变得更加固执，一心想着怎么反驳对方。但是，如果你感觉不到非常强烈的抵抗，反而更容易改变原来的想法。

在公司里，绝大部分人会严格遵守规则，但是也有一部分人对领导者安排的一些任务或提的改进建议等，有一定的抵触情绪。当你指出有抵触情绪员工的错误时，采用以下方法会有一定的作用。

如果员工性格并不是特别强硬，你在与他沟通时，可以尽量放慢语速，放轻语调，详尽地向他解释清楚究竟错在哪儿，以及可能是哪个环节出了问题，然后用请求的语气告诉他“可能得麻烦你再改进一下了”。这样说就给足了员工面子，他反而会心甘情愿去做。

而对少部分顽固不化的员工，既然他们不愿意听从你正面说服，那就可以从反面来。首先，用非常随意的口气告诉他们，这份文件或这个项目的哪个部分出了问题，但是改不改都没关系，反正你们这个部门就那个样子，从而让他们产生好胜心理。在这种心理的激发下，他们更有可能有“你不让我改，我偏要改”的想法。而这刚好达到了你的目的。

EMPATHY MANAGEMENT

第八章

理解和接纳员工

因为懂得，所以认可

用一句话总结共情式理解，就是“因为懂得，所以认可”。职场中的共情式理解表现为：因为懂得，所以接纳、所以合作、所以正向反馈。

共情专注于用一种让员工感到被理解的方式进行互动。它需要领导者关注员工的内在方面：他们在想什么，他们有什么看法，他们的肢体语言在表达什么，他们是什么类型的性格，他们被何种价值观驱动等。而认可是与员工建立信任的有效共情管理方式。

美国“化妆品皇后”玫琳凯的成功之道就在于善于通过认可来激励员工。

玫琳凯认为，人的天性是喜欢被他人认可，不喜欢被批评。她在自己的公司中倡导了这种管理理念。为了激励员工，从玫琳凯公司的最高领导者到中层主管，都在努力发现每一位员工的优点，不放过任何一个认可员工的机会。

有一次，业务督导海伦新招进来一位美容顾问，由于这位顾问经验不足，两次展销会上都没有卖出任何化妆品。在第三次展销会上，她终于卖出了35美元的产品。与其他人卖出了一两百美元的产品相比，尽管数目少得可怜，但海伦却大加赞赏："你卖出了35美元的产品，比前两次强多了！你很有前途。"领导者诚恳的认可，让这位顾问很受鼓舞。她终于通过自己的努力一直做了下去，最后被提升为业务督导。

玫琳凯认为，认可是一种有效而不可思议的力量。认可可以激励员工发挥自身潜能，建立自身的信心，使他们更快地成长。为此她甚至出版了一本专门的月刊《喝彩》。该杂志主要是对销售新人、团队领导者等有突出表现的员工进行书面表彰。这在公司内形成了你追我赶的局面。也正因为这样，玫琳凯公司的销售网络不断扩展，成为美国乃至世界上最具影响力的化妆品公司之一。

认可能够树立员工的自信，提高他们的工作热情和效率。作为领导者，对于这种不需要成本而效果显著的激励"武器"，为什么不经常使用呢？

一项关于大型公司高级职员如何获得提升的研究表明，高级职员的工作表现基本上差不多，因此要想获得提升，30%基于印象，50%来自于跟领导者面对面的接触，认可在这两方面都起着巨大的作用。

毫无疑问，任何人都需要被激励，也需要被承认。当一个人费尽心思干完一件事后，他希望有人对他说一句："嘿，干得不错。"没有不爱听好话的人，尤其是为你辛苦工作的员工，你应不惜用最好的话语形容和表扬他们，这是你共情力的体现。

作为领导者，你必须看到员工的长处，时常肯定他们，这不仅能够博得员工对你的好感，更能激发员工的干劲。

现在不少领导者总觉得鼓励员工会让他们产生自满的情绪，因此对员工的工作多方审视，不放过任何一个错误。实际上这只会让员工产生不耐烦的心理，他们会认为领导者不尊重他们努力的成果，从而产生消极情绪。

从管理学的角度看，员工犯错是正常的，你应该鼓励他们改正这些错误。要员工改正错误，不仅仅是指出错误这么简单，还要让他们心甘情愿地改正，才能达到在以后的工作中尽量避免出错的效果。而要想员工愿意改正，得用一定的技巧。

当员工向你汇报工作情况时，你首先要找出他们工作中的优点和进步进行表扬，而不是一开始就挑刺儿。员工被肯定之后，心情自然不错，也就更容易接受你指出错误。因为你的表扬，员工往往更有自信，更愿意改正。在表扬中，员工已经把自己认定为你口中那个优秀人物，为了真正成为这样的人，他们非常愿意去改正，去进步，去奋斗。这正是共情的力量。

坏情绪会把局面搞乱

在《傅雷家书》中，有一封信傅雷先生是这样写的："长篇累牍地给你写信，不是空唠叨，不是莫名其妙的闲扯，而是有好几种作用。第一，我把你当作一个讨论艺术、讨论音乐的对手；第二，我想激出你一些感想，让我做父亲的得些新鲜养料；第三，借通信训练你——不但是文笔，尤其是思想；第四，我想时时刻刻、随处给你做个警钟，做面'忠实的镜子'。"

傅雷先生的这封信，揭示了长辈和晚辈、上级和下级沟通的两个技巧：首先，以平辈自居，而非前辈、长辈；其次，理解对方的真实动因，以共情建立信任。跟晚辈交流的这种态度，在当时看来相当前卫，而用在现在的团队管理中也适用。

例如，一个员工完成某个项目效率很低，如果你劈头盖脸地痛斥一顿，员工感觉伤了自尊，难免更加消极怠工。想让训斥或意见比较容易被接受，你可以说："咱们来交心地谈谈。是不是最近你家里遇到了什么事或者工作上遇到了难题，所以工作没什么进展？有什么问题可以随时跟我说。我以前也喜欢在没头绪的时候发发呆，但是后来发现这个办法并不能提高工作效率，还不如跟同事们交流一下……”这样说，不但能消除员工的防备心理，而且可以了解到问题的本质，还给员工提供了可行的解决方案，远比呼喝痛斥积极、有效。

在团队管理中，共情具有深入理解员工和给予员工充足成长空间的效力。不管你是哪个级别的领导者，都要留给员工表达的空间；在批评的时候要让批评发挥批评的作用，而不是倾泻自己的情绪；能激励的时候不要训斥，要降低自身维度，以同理心建立信任。作为领导者，要彰显的是魅力，而不是霸道。

所以，你一定要时刻注意克制自己的坏情绪，即使是面对看起来非常糟糕的境况。俞敏洪用自己的一段经历，告诉我们控制坏情绪的好处。

十几年前，新东方高层曾发生过一次争议。在这次争议中，俞敏洪不得不让出董事长职位，将公司的日常事务交给董事会管理。当时有很多人觉得，俞敏洪此后一定会丧失斗志、一蹶不振。

然而，俞敏洪安安稳稳地教了两年书，态度和善地讲课，客气地跟同事讲话。最后他欣然接受了不堪忍受各种高压、琐事的董事会的邀请，重新担任新东方的董事长。俞敏洪用他淡然、稳重的表现，赢得了人们的信任。

当然，并不是所有人都能像俞敏洪那样。很多人在情绪激动的时候，会不自觉地加快说话的语速，直接暴露自己的弱点。

要想做一个好的领导者，你先要学会如何克制自己的情绪，即使与他人意见有分歧，也不涨红着脸大声地争辩，否则只会把局面搞乱。

记住，做一个共情力强大的领导者非常有必要：他可能是谈吐文雅严谨、言语入情入理、说话娓娓道来，给人一种富有涵养的感觉。而他的反面可能是不顾员工自尊、谈吐粗鲁无礼，与员工之间充满了矛盾和隔阂。

一天，一位负责管理印度尼西亚海洋石油钻井平台的美国经理看到一个员工的糟糕表现，立即怒气冲冲地嚷道："你这个混账东西，赶紧搭下一班船滚回家去吧！"

这样的粗鲁态度和言辞，对这个员工的自尊心造成了伤害。他被激怒了，二话不说，抄起一把斧子就朝经理冲了过去，吓得经理立刻逃到工棚里。他紧追不舍，结果被工棚里的其他工友大力劝阻，才避免了一场恶性事件。

很显然，这场冲突是经理没能控制住自己的情绪引发的。对于领导者来说，面对糟糕状况隐忍不发、含而不露，是一种非常可贵的品格。这样的领导者，在任何时候都不会表现出慌张、愤怒、紧张和犹豫等情绪。他们的超然心态和优雅气度会为他们的人格添彩，让他们显得更有魅力。

员工犯了错误，可以“延期处理”

古罗马作家格利乌斯说：“不当地纠正别人的错误，要比猛烈的谩骂更令人气愤。因为谩骂别人通常是被看作有偏见和敌意，而不当地纠正别人的错误是一种强迫，是在往别人的伤口上撒盐，比偏见和敌意更加要不得。”

所以，对待员工的错误，你要注意以共情方式处理：掌握好技巧，既不能不处理，也不能乱处理；既要让员工心甘情愿地认识并改正错误，也不能引起他们的抵触和不满；当你不知道该如何处理的时候，还可以先把错误放一放，尝试用“延期处理”的方法。

卡耐基用“延期处理”的方法帮助侄女改正错误的故事，或许可以给你一些启发。

卡耐基的侄女约瑟芬·卡耐基到纽约给他做秘书的时候只有19岁，刚刚从中学毕业三年，基本上没有工作经验。

一天，因为约瑟芬的一些错误，卡耐基正要批评她，忽然他停下来对自己说：“稍等一下，戴尔·卡耐基。你的年龄比约瑟芬大两倍，工作经验多一万倍，怎么能期望她有你的观念、判断力和能动性，尽管在你看来只是普普通通的能力呢？再等一下吧，戴尔，你在 19 岁时干了些什么呢？你还记得你犯下的那些愚蠢的错误吗？”

经过一番思考后，卡耐基认为约瑟芬的工作成绩也不是没有值得肯定的地方，还是再等一等，待想好了再去指出她的错误会比较好。

此后，每当想提醒约瑟芬的时候，卡耐基都会先等一等，然后向约瑟芬指出她所犯的错误，而且说话很有分寸，让约瑟芬觉得卡耐基没有过分在意她以前犯的错误，而是在关注她。于是，约瑟芬欣然接受了卡耐基的意见，主动改正了错误。

卡耐基认为，如果提醒约瑟芬改正错误的时机正好是她刚犯错误时，就很可能会让她感觉是在针对她，指正的话会让她觉得很刺耳。

要先将错误搁置一会儿，选择在她已经为错误行为感到愧疚时再指出来，就能让她愉快地接受并愿意改正。

卡耐基“延期处理”错误的方法，确实收到了很好的效果。在卡耐基的悉心指导下，约瑟芬后来成长为卡耐基眼中的“西方国家最熟练的秘书之一”。

你是否已经从这则故事中学到处理员工犯错的诀窍了呢？

工作需要一定的质量要求，也需要尽可能避免错误，尽可能一次把事情做好，这也让很多领导者认为，有必要在第一时间就指出员工的错误。实际上，宽恕员工的错误或者在提醒、指责员工之前先将错误搁置一会儿，与对工作的高标准、严要求并不冲突。

玫琳凯在《谈人的管理》一书中写道："在意你批评别人的错误是否及时是不对的，而要在意错误发生后让犯错误的人先思考自己所犯的错误，过一段时间，只需要其他人轻声提醒就可以改正他的错误了。这也是我严格遵守的一个原则。不管对方犯什么错误，都必须先让他思考一会儿，等时机成熟后再指出来，这样对方就会很容易接受。"

如果你立即指出员工的错误，他们可能很难接受，因为此时他们还没有完全认识到自己的错误，也没有做好接受你批评的心理准备。等意识到自己的错误时，员工就会产生愧疚感，选择在这个时候稍加指正，他们就能轻松接受并及时改正，完全不用你付出太多精力去指导。

面对员工，需要保持耐心

安德森是一家商贸公司的尖端人才，做事迅速，不喜欢受拘束。部门经理也知道这一点，本着拉拢人才的想法，也就没有特别计较。

一天，安德森早早地完成工作，拿起一份报纸看了起来。这时去和外商谈判的总裁回来了，总裁很少过问公司的人事，因此对安德森也缺少了解。他进来时，看见安德森正在看报纸，火冒三丈。

“你们这群人一天到晚都在干什么？看看这办公室乱得跟猪窝似的，拿着公司那么多钱，就知道混日子，什么都不会干，公司花钱雇你们是为了赚钱的，不是养废物的！”

办公室只有安德森在看报纸，他对这个久闻大名却很少见面的总裁使出“杀威棒”感到很不适应，他认为总裁是在挑刺。他噌地站了起来，瞪着眼睛向总裁喊：“你凭什么说我是废物！我按时上班，及时完成工作，从来没有早退请假过，我的策划方案也做得非常出色！办公室的卫生有保洁人员打扫，与我何干？”

因为安德森一直得到部门经理的器重，所以缺乏“尊重领导”的意识，他性子直，受不得半点委屈。而总裁只看到了安德森表面上的闲散，误以为他不务正业，爱发脾气的他怎么能容忍这些。

结果，不久之后，安德森就递交了辞职报告。之前早已有别的公司想挖他，但碍于部门经理的赏识而没有离开，这次彻底断了他的念想。

安德森走的时候，手里正好还有一个未公开的、价值不菲的策划案，这个策划案给他新去的公司带来了巨额利润。这位总裁对此也只能扼腕叹息了。如果当时多一点儿耐心，了解清楚情况，自然就不会出现这样的事了。

作为领导者，你必须去感受员工的苦恼，接纳员工的不足，让员工知道你很理解他们，而且是发自内心的。这需要的不仅仅是技巧，更是一个人真诚善良的品质，考验的是你能在多大程度上包容员工，以及有多大的耐心去了解他们——即便他们是与你完全不同的人。

落实在具体管理中，就是当你给员工讲解问题时，要有耐心；当你解决员工之间的矛盾时，要有耐心；当你试图消除员工对你和公司的不满时，也要有耐心。

此外，当你有事情需要员工帮忙时，更得有耐心。你布置下去的任务，员工自然会去办，但如果你需要员工为你做一件不是他工作范围内的事情，耐心说服他心甘情愿帮你，他很可能会给你带来好结果；如果他带着情绪去做，效果可想而知。

当员工犯了错误或者你认为员工犯了错误的时候，耐心更是必不可少。有的领导者脾气比较暴躁，一看到员工偷懒就忍不住爆粗口，这只会招致员工反感，而事情的真相往往是你误解了员工。

敢于批评，也要善于安抚

从管理效果来看，批评的重要作用是使员工避免在同样的场合犯错，甚至有更好的表现。但是，并不是所有的领导者都能掌握正确批评员工的方法，以至于引起了员工的抵触情绪。

从某种角度来说，恰当的批评和表扬一样，都是共情管理的重要手段，都能很好地提升员工的工作积极性。从本质上讲，批评的目的是让员工更有自信，获得工作的动力，并让员工看到自己还没有觉察到的需要进步的地方。

心理学研究表明，无论是正反馈还是负反馈，都是正常的反馈，相比之下，没有反馈才最糟糕。因为人们需要通过别人的反馈来证明自己工作的价值，没有反馈会让员工变得忐忑不安。如果由于你的疏忽，没有正确地批评员工，那么在员工看来你是对他不认可，甚至无视他的价值。

那么，如何批评才能既好又巧呢？一般来说，正确的批评不但需要你指出员工的问题，提出改正的方案，发现他们可以继续成长的方面，还需要你向员工表达对其工作的认可及成长的期待，指明员工改正错误后对工作的贡献和对团队的重要意义。下面这个事例中销售部经理的做法，就非常不可取。

正在与同事有说有笑的艾达，口袋里的手机突然响了。她一看是经理办公室的电话，连忙接通：“经理……”

“艾达，你到我办公室来一趟！”

销售部经理“啪”的一声挂了电话，让刚刚还有说有笑的艾达一下子心惊胆战起来，她忐忑不安地走进了经理办公室。

“你最近怎么回事？自己看看这个月的销售成绩有多差劲！你看看别人，就连新来的安吉拉也比你强。你以为我给你这么高的工资，你就不用工作了？如果你这个‘销售冠军’没有相应的业绩，就别跟我再提加薪的事了。”

艾达被销售部经理的一通连珠炮轰炸得不知所措。

“经理，你听我解释……”艾达想趁此机会沟通一下工作中的问题。

“我不想听解释，你自己回去好好反省吧。我给你一次机会，要是下个月你的业绩还不能上来，那你的年终奖金就不发了。好了，我还有事，你出去吧。”经理不耐烦地挥手示意。

艾达无奈地走出经理办公室，想起经理那咄咄逼人的架势，心里就非常窝火。由于被经理分派到新开发的市场，客户数量不多，销售额自然不能与成熟市场相比。虽说安吉拉是新员工，但刚进公司就被安排到成熟的老市场，客源稳定充足，客户关系网坚固牢靠。

艾达觉得经理只看数据，不问事实，所以很委屈，工作积极性也不高了。

很显然，这个事例中的经理对艾达的批评是非常片面的。不管采用什么方式，都需要在批评的同时向员工传达对他工作的认可和成长的期望，这才是共情沟通。经理对艾达的批评，显然是忽视了这一点。

还要注意，不是员工的所有行为都可以批评，通常一次只批评一件事，且不可持续太长时间。

评价一次批评是否获得了实效，要看员工在被批评后是否采取了积极的行动去改变。在批评过程中，如果你也像艾达的经理那样把艾达与其他员工比，对员工进行言语攻击或冰冷的否定，将无法取得理想的效果。

想要带好团队，一定要在批评之后及时对员工进行安抚，这是批评中的一个重要环节。一般来说，对于员工的改变和进步，不管大小都要认可，而且要当面表达。如果不关注员工的进步，只是一味地指责，就会让员工丧失工作的热情和动力。

你还要在员工需要的时候，提一些你的建议，如果员工不需要则不要乱说，以免让员工觉得你对他们不够信任，认为你是在多管闲事。必要的时候，你要懂得以鼓励、督促的方式加快员工进步，让员工感受到被关注。

员工缺乏自信怎么办?

刚入职场的员工，可能没多少工作经验，对工作内容和流程不熟悉，业绩往往不够突出，压力也会很大。但是，如果不加以适当引导，业绩一直不理想的员工就会越来越缺乏自信，甚至一蹶不振。

从某种程度上说，共情并不是在员工遇到棘手问题时，你跟他们一样紧张，如“你该怎么办呀？”“你还能解决吗？”“你真的能解决吗？”如果员工觉察到你也很紧张，那么他将彻底失去仅存的那点自信，表现出更深度的怀疑和紧张。作为领导者，你不仅要理解他们，信任他们，更要给予他们力量，帮助他们建立自信。特别是对于工作不久的新员工，如果能帮助他们建立自信，那么你将成就他们的一生。下面几种方法可以帮助员工建立起自信。

方法一：让员工学会夸别人

在我初入职场的时候，领导者交给我一个任务，就是每天必须赞美 10 个人，而且每天下班前都必须填一个任务完成情况表。为了保住这个来之不易的工作，我豁出去了，每天都厚着脸皮到隔壁办公室夸人，因为隔壁办公室人多，尤其是女士多，我想女士比男士更喜欢听到别人夸奖。

刚开始，夸完别人后我自己都觉得脸红，过两天情况就好一点了。但是，年纪稍长一点的一位大姐对我说："小胡，你天天来说这些话，假不假啊？"我只好苦笑着说："没办法，这是上级交给我的任务！"

大概过了一个星期，奇迹发生了。我在夸奖别人的时候，变得自然、流畅了，别人也不会觉得我夸奖得假了。随之而来的是别人对我的赞美和表扬，而且我的自信心也明显增强了。那时我感觉自己简直是一个无所不能的"大力水手"！

方法二：让员工给自己制定目标

让员工给自己制定目标，而且将大目标细分为一个个小目标。例如，如果员工给自己制定的月目标是签订价值 10 万元的订单，那么你还要让他们将这 10 万元的订单细分为每周签订 2.5 万元订单，每日签订 3571 元订单。当他们完成时，就奖励他们一下。

要支持和帮助员工成功，让他们获得胜利的感觉。特别是对一线的员工，你要给他们提供方法和建议，督促他们做到，然后肯定他们，这样他们才能提高自身能力，找到自信。

方法三：帮助员工运用冥想调动潜意识的力量找到自信

心理学家认为，潜意识就像冲洗胶片的暗房，你外在的生活状态，都是从这个地方“冲洗”出来的；而且潜意识本身无法分辨某种想法的真假，只要不断地重复想象并相信，它终究会成为现实。因此，只要能和潜意识建立有效的沟通，将自信植入潜意识，那么你就可以变得非常自信，非常有能力。

与潜意识沟通的途径有两种：一种是冥想，一种是暗示。冥想是将你想成为的人、想获得的财富、想完成的事情、想得到的健康和爱情等放进你的大脑，每天花几分钟时间，让自己静下心来，观看这一幅幅画面。像做白日梦似的，让自己渴望拥有的一切，真实、栩栩如生地浮现在自己的眼前，而且要让自己身临其境，既要可见、可触，又要可闻、可嗅，甚至在想象美食时，要让自己有口齿留香的感觉。例如，你想提升自信，就可以每天抽出5分钟时间，找一个比较安静的环境，让自己静下心来，想象自己已经是一个非常自信的人了，想象自信的自己是如何与同事、领导者、客户打交道的。这个过程必须具体形象，可以把你就要经历的情景，在心里预演一下。也可以把你已经经历过但是自认为不太成功的情景，在内心深处重新演一遍，当然这次的你是自信的，是潇洒自如的。

这就是教员工利用冥想提升自信的方法。

方法四：帮助员工用自我暗示法找到自信

每天早晨起床后听5分钟增强自信心的说唱歌曲，这些歌曲可以在网上找到，如龙井的《感谢》《简单》等。再例如，找一个小石头放在口袋里，你可以把它称为“力量石”。每当你感觉到自己不自信时，就摸摸它，提醒自己一定要自信。这个比较好理解。

我也是这些方法的受益者。我每天早晨在刷牙之前，都会用彩笔在镜子上写一句话，如“我是一个自信的人”“我非常有勇气”“我拥有力量”等，刷完牙后就擦掉。这样，我这一天就会感到充满力量。而且我每天都会抽几分钟时间冥想，这也是我和潜意识沟通的一种方式。我已经坚持了5年，现在已经能够顺畅地和潜意识沟通了。是这些方法的有效运用，才让我取得了今天的成绩。

在运用这些方法之前，你一定要摆正心态，不可有任何急于求成的想法。你只需将内心指向自己所要的东西，然后想象已经拥有了它，让自己时刻感受到快乐、幸福与和谐。当你感觉很好的时候，你自己仿佛是一个不断接收美好事物的“接收器”，而且会得到自己需要的。

对于一个新入职场的人，如果你什么都给不了他，就请帮助他建立自信，这将对他的一生产生重大影响。

EMPATHY MANAGEMENT

第九章

尊重和善待差异

尊重是回报率最高的投资

心理学家研究发现，人性中最深切的心理动机是渴望被人尊重、得到肯定和被人赏识。如果无视这个动机，漠视这种渴望，提高个体的积极性就缺乏有力的心理支撑。如果习惯于以训斥求驯服，结果只能是压而不服。

把这种认知运用到管理中，也是一样的道理。真正拥有强大共情力的领导者，能将心比心尊重员工。因为他们懂得“己所不欲，勿施于人”的道理。他们懂得站在员工的角度，设身处地地为员工考虑，尊重员工的感受。

毫无疑问，共情不是同情，是进入员工的内心，了解他们，真正尊重他们；是放弃以过于强硬的方式改变员工的意愿，允许他们以他们自己的本来面目存在。当员工不能真正做自己的时候，也就无法调动起自己的积极性和主动性。哈佛大学商学院教授罗莎贝斯·坎特说：“尊重员工是人性化管理的必然要求，是回报率最高的感情投资。”

中国大酒店开业之初，发生了一件体现中方和外方管理文化差异的小事，但小事中潜藏着关于管理和尊重员工的大问题。

事情缘于一位外方部门经理检查客房，他不仅用眼睛检查地面、窗帘、浴室，还伸手四处摸摸，发现一切都打扫得干干净净，床也铺得很整齐。正当他满意地点头之际，却发现了一个严重的问题：茶几上的茶杯朝向错了。

这里是说朝向错了，不是说茶杯放得不够整齐，而是茶杯上五个事关酒店品牌的字不见了，这五个字是“中国大酒店”。按规定，杯子上“中国大酒店”五个字应朝向门口，让客人一进门就看得见，以便传达酒店的品牌形象。另外，那个小小的打火机，也没有放在烟灰缸后面，而是放在烟灰缸旁边。这使外方经理大为恼火，他当众斥责了服务员小温，说她工作粗心大意、不负责任、不懂规矩。

小温是一位18岁的广州姑娘，刚入职不久，她受不了被人当众斥责，便顶撞外方经理：“这仅仅是一点儿小事，而且不影响酒店的服务质量，客人也不会计较，你分明是鸡蛋里挑骨头，小题大做，欺人太甚。”

但是，摆错杯子是“小事”吗？

由此引起的一场冲突，在当时引起轩然大波。当天，被顶撞的外方经理也很难过。他找到中方经理交换看法，中方经理诚恳地说：“在我们中国的社会制度里，上级是人，下级也是人，大家的关系是平等的，唯有对员工满怀爱心、循循善诱，他们才能接受你的批评教育。他们不习惯生硬的训导，总以为只有资本主义国家才会这样对待员工。”

外方经理恍然大悟：“原来我们在管理方法和思想观念上存在差距。我不了解中国国情，只是就事论事，见她粗心大意，根本没有品牌意识，情急之下没有注意工作的方式和方法。”他反思了一夜。

第二天，他来到小温正打扫卫生的客房。小温有点愕然，他们不约而同地望向茶几上的茶杯，这回，茶杯摆对了。那一瞬间，他们相视而笑，仿佛昨天的“恩怨”已一笔勾销。他是来向小温道歉的，他说：“我昨天在众人面前大声斥责你，伤了你的自尊心，这是我的不对。但是，杯子的摆法非讲究不可。”

从品牌管理的角度看，将“中国大酒店”五个字摆在显眼的位置，不是一件小事，而是通过细节传达酒店品牌形象的大事。

外方经理寓理于情的态度令小温感动，在短短的几分钟里，他又赢得了员工的尊敬。从此，小温格外注意细节。后来，酒店针对上级批评下级的态度和方式，以及如何做好督导，如何有效解决冲突等，设立了专门的培训课程。酒店的企业文化就在差异和冲突的调解中得到提炼，一次次地积淀下来。

每个人都值得平等对待

在心理学中有一个“位差效应”，是指由位差心理而导致的沟通障碍。由于领导者高高在上，有时候会出现上位心理，员工处在较低的层级，有时候会出现下位心理。具有上位心理的领导者很容易产生优越感，具有下位心理的员工则很容易产生自卑感，这常常会造成上下级之间的沟通障碍。可见，平等是共情的基础，你只有把自己放到与员工平等的位置上，才能真正获得员工的信任，达到最好的管理效果。

美国加利福尼亚州立大学经过实验得出以下结论：上级与下级平等沟通，信息传递的效果达到了约 90%，而单方面来自领导层传递给员工的信息，只有 20% ~ 25% 能传达到位，员工传达给领导层的信息则低于 10%。

这个实验充分说明了平等沟通在管理中的重要性。

作为领导者，你要从心态上与员工保持平等，也要在行为上同步进行，要让员工切实感受到自己能说话，自己说的话能完整地传达给你。也就是说，你必须与员工保持共情，不仅仅是关心员工的衣食住行，更重要的是打造融洽的环境。你要让员工觉得在这个环境里能实现与大家平等沟通，这样他们才能获得归属感，迸发出工作的热情。

在索尼公司，公司领导者和员工之间平等相待，充满轻松、融洽和友善的气氛，就好像是一个大家庭，而员工都被看作是家人。

索尼公司创始人盛田昭夫认为，之所以公司领导者和员工能保持良好的合作关系，主要是因为员工比较了解和接受企业领导者的态度，知道许多事情都是出于他们的诚意。

这样的认识，是盛田昭夫通过多年的经验教训总结获得的。他认为，日本企业的发展壮大并不仅仅是创业家一个人可以包揽的，因此仅仅利用员工作为生产工具牟取暴利，已经成为历史，也是不人道的行为。日本的企业领导者在公司成立后，会招聘员工来帮助企业实现理想，达成目标。但一旦聘用了员工，就要将他们当作同事或帮手，而不是赚钱的工具。虽然公司必须时刻将股东的利益放在心上，但是也应经常为员工着想，应该给他们相应的回报。

盛田昭夫充分认识到了这个问题的重要性，因此他特别强调要与员工互敬互重。他认为股东与员工的分量是一样的，有时候员工甚至更重要。例如，股东为赚钱，经常会变动，但企业领导者和员工之间的关系会相对长时间存续下去。只要员工在公司工作一天，他们就会为他们自己和公司尽最大的努力做贡献。

索尼公司的高管没有私人办公室，甚至连工厂的厂长也没有。公司之所以这样做，是希望各级领导者能和员工坐在一起，使用同样的设施。每天早上开工以前，小组长会召开一个简短的会议，并向大家交代清楚当日的工作任务。他也会检讨前一日工作的情形，在他做报告时，他会仔细观察员工们的表情。如果有员工看起来不对劲，小组长就会设法了解他是否病了，或者有什么其他问题。盛田昭夫认为这一点很重要，如果员工生病了，或者不开心或有心事，就会把这种状态带到工作中。

为了培养上下一体的工作关系，盛田昭夫过去几乎每天晚上都与许多年轻的中下级主管一起吃晚饭并聊到很晚。

有一天晚上，盛田昭夫注意到一位小伙子心神不宁、闷闷不乐，于是就鼓励他说出心里话。几杯酒下肚后，小伙子打开了话匣子："在我加入索尼公司以前，我以为这是家了不起的公司，也是我唯一想加入的公司。但我的职位低，而我的上司无疑是代表了公司，偏偏这个人是个草包，我所做的每一件事情都必须由他决定。我看不到自己在索尼公司的前途。"

这些话对盛田昭夫简直是当头棒喝。他想到索尼公司可能有许多员工有类似的问题，而索尼公司必须了解他们的困难。于是，盛田昭夫开始发行一份公司内部的周刊，而且在上面刊载各单位、部门现有的职位空缺。这样一来，许多员工都可以悄悄试探公司内部其他可能的工作机会。

这样做有两个好处：一是员工通常可以找到更满意的工作，二是人事部可因员工的调职申请而发现管理中存在的问题。对那个存在问题的主管，索尼公司的解决办法是将他调到一个没有那么多员工的岗位上，这样问题就迎刃而解了，而公司互助互敬的精神也从这里得到了充分体现。

懂得平等对待他人，是领导者具备共情力的体现。这样的领导者能够尊重员工的个性差异、放弃个人的偏好及直面自身存在的问题，正如上述案例中的盛田昭夫。

毫无疑问，员工更喜欢在具有彼此平等、互相尊重文化氛围的企业中工作，也更愿意跟随能平等对待自己的领导者。如果领导者无法尊重员工，就无法接纳和理解他们的一切，也就无法释放影响力吸引他们。领导者与员工、同事与同事之间的友好和支持性人际关系会提高员工对工作的满意度，让大家并肩工作。

容忍“合理性的错误”

世界上没有十全十美的人，自然也不会有十全十美的员工。如果你具备共情的能力，就可以读懂员工的弱点与差异，以最让他们舒服的方式与他们交往。反过来，你也可以调整自己对他们的预期，更好地接纳他们，容忍他们犯错误。

一旦你真正接纳和容忍了员工，他们自然会接纳和容忍你。而接纳和容忍，是建立良好职场关系关键的一步。

有一次，一位员工犯了错误，造成了1000万美元的损失，他对领导者小托马斯·沃森说：“我是不是该卷铺盖走人了？”

小托马斯·沃森说：“你疯啦？我们刚刚为你交了1000万美元的学费，你想我们会让这么一大笔资产从公司流失吗？”

小托马斯·沃森没有选择辞退该员工，甚至没有批评他，只是告诉他要好好做事。

小托马斯·沃森的确很聪明，如果因为这名员工造成了公司

1000万美元损失而辞退他，那么，这1000万美元就会变成“成本”——没有任何“收益”的成本。

日本著名管理大师稻盛和夫说：“我们从来不因为失败而处罚员工。如果一个员工在某项计划中遭遇失败，我们还是会立刻给他另一项任务……虽然前一个计划失败了，但是那个员工还是从中学到了不少，而且可以凭借过去的经验再向前迈进。”

值得注意的是，这里所说的错误，定义为“合理性的错误”，指的是在工作中，特别是在竞争激烈的“经济战争”中，那些敢于开拓、勇于承担风险的人，或者因对手过强、条件不足、对方配合不够或不守信用而出现的错误和问题。至于知法犯法、怠工懒惰、莽撞胡来导致的错误，不在此列。

对于员工在工作中犯的错误，杰克·韦尔奇说：“领导者过于关注员工的错误，就不会有人勇于尝试。而没有人勇于尝试比犯错误还可怕，它使员工故步自封，拘泥于现有的一切，不敢有丝毫的突破和逾越。所以，评价员工重点不在于其职业生涯中是否保持‘不犯错误’的完美记录，而在于是否勇于承担风险并善于从错误中学习，获得更好的经验教训。”

在不容许犯错误的组织里，一般会出现两类适得其反的行为。

一些人认为错误是“不好的”，所以，如果犯错误的人是领导者，从这些错误中反馈回来的信息必须被忽视，或者被有选择性地重新解释，以帮领导者掩盖错误，这样一来，这些错误也不会得到纠正。

如果犯错误的人是员工，那么这些错误将会被掩盖。因为如果员工犯了错，一般会遭到严厉的批评和惩罚，他在下次犯错时会下意识地掩饰，而且以后做事的过程中可能过分小心谨慎，甚至得过且过，出现“不求有功，只求无过”的情况。

如果你发现团队中也出现了这样的状况，就应该主动从自己身上找原因了。

所以，你要向员工明确哪些错误是被允许、可以原谅的，哪些错误是不被允许、不能原谅的，绝对不能出现明知故犯、屡教不改的情况，以免员工犯下更大的、无法弥补的错误。

“增减效应”的运用

在人际交往中，人们比较喜欢那些不断增加喜欢、奖励、赞扬自己程度的人，不喜欢那些不断减少喜欢自己程度的人。心理学家将这种现象称为“增减效应”。

人们在经受一些小挫折时，往往还能表现出比较平静的心态。但是，在经受从倍加褒奖到小奖赏再到不赞扬甚至贬低时，应会让他受到较严重的心理冲击，会增加他的挫折感。

在团队管理中，“增减效应”随处可见。例如，如果你先给一个刚刚入职的员工很高的评价，让他负责足够多的项目，然后一点点把项目分给别人并逐渐疏远他，会让他感到心里不舒服。相反，如果一开始只是给他一项工作，再一点点增加他的工作，给他越来越多的关注，他自然会觉得受到了你的重视，就可能表现出更强烈的工作热情。由此可见，不同的评价顺序确实会让员工产生不同的感受，表现出不同的工作状态。

作为领导者，你要想坚定员工的信心，让他们不放弃，与其用金钱激励，倒不如利用“增减效应”，用肯定和赞美不断增加他们对你和团队的认同感。员工希望得到你的认可和赞美，这是他们努力工作的动力之源。有了成就感，员工才会觉得自己的价值得到了肯定，而且会为增强这种价值感而不断努力。

所以，如果你能巧用“增减效应”，一定会给你的团队管理带来助益。需要注意的是，并不是所有情况下都可以用“增减效应”，一定要有区别地运用。

例如，当你给员工安排的工作明显超过了他们的负荷时，就会导致他们的心理产生疲惫感。这时候，你就不能再用“增减效应”激励他们，而是要及时中止他们的工作，让他们及时得到应有的休息，让他们感受到你的关怀。

员工可能对个人定位、工作定位不太清楚，导致你的任务分配出现混乱。这时候，他们不知道自己该做什么，哪项工作该问谁，该向谁汇报等。此时，即使给予员工再多的赞美和激励，也很可能无法达到你想要的目的。

员工可能会有抱怨待遇不公的时候，这说明你的团队管理已经出现了让他们难以忍受的不公平现象——在团队中，公平对多数员工来说都非常重要，这关系到发奖金、评绩效等一系列激励手段的实施。一旦他们感觉团队中的公平被打破，再多的激励措施都将失去效果。

著名心理学家杰丝·蕾尔说：“对于人类的灵魂而言，赞美就如同阳光一样，没有它，我们便无法健康成长。不过，我们大部分人只是敏于躲避他人的冷言冷语，却吝于将赞美的阳光给予他人。”

因此，学会巧用“增减效应”对员工进行激励，将对你的管理产生重要影响。

慢慢增加要求，不容易被抵触

心理学中有个“门槛效应”。实验内容是这样的：实验者让助手分别去两个社区劝说那里的住户，希望能够将一块印有“小心驾驶”的大标牌立在他们房前的草坪上。工作人员去了 A 社区之后，直接进行劝说，结果只有 17% 的居民同意。而去了 B 社区的工作人员先让该社区的居民在一份赞成安全行驶的请愿书上签字，再提出了树立标牌的请求。如此一来，B 社区内有 55% 的居民同意了。

也就是说，如果一个人接受了他人微不足道的要求，为了避免认知上的不协调，或者想给他人留下前后一致的印象，就极有可能接受其更多的要求。

“门槛效应”在管理中也大有用武之地。

当我们希望别人去做一件对他来说难度系数较高的事情时，他很可能会偏向于拒绝。而如果我们用请求的口吻，先让他做一件他找不到理由拒绝的小事，再一步步深入，到后面，我们不必说，他就会自己主动去做。

在管理中，运用这种心理非常有利于我们纠正公司里那些消极怠工的员工的行为。一个员工本身非常有才华，但是有些桀骜，你既不能因此辞退他，也不能对他的小毛病坐视不理。这时候，运用“门槛效应”就能够发挥有效的作用。你可以从小要求入手，再慢慢增加或扩大要求，让他最终完全遵守员工行为规范。

你可以先告诉他，他最近的工作做得很不错，是个非常优秀的员工。然后话锋一转，婉转地指出他的一些小毛病，如常常迟到，上班的时候总是偷懒，有时候假借公干的名义私自外出等。然后你就可以提出要求，让他以后不要在未经领导允许的情况下私自外出。但是提完要求之后，还要在后面加上一句“只要在公司里就行，偶尔偷偷懒也没关系”。提出这样的要求之后，员工肯定会非常高兴，觉得领导者居然同意对他的偷懒视而不见。

等过了一个月，员工改正了这个毛病之后，你可以在会上公开表扬他不仅有才华，而且最近比较遵守公司规章制度。然后，你在这个基础上进一步提出要求：上班的时候有一些偷懒行为是允许的，但是还是尽量减少一些比较好。因为之前已经被领导表扬，现在领导提这样的要求，他也更容易接受。

等到这个员工把这些小毛病全部改正后，你再去提最后的要求，仍然是先夸再提，往往更能让他心甘情愿地改变。

当公司里存在一些有才能却不怎么遵守公司规章制度的员工时，利用“门槛效应”沟通，就能够让他们达到你的要求。

EMPATHY MANAGEMENT

第十章

共享荣誉和利益

家乐福的“利润分享计划”

交流与分享会让你和员工获得更多经验、信息、资源，甚至跨越领域鸿沟，实现共同目标，获取共同利益。不管是团队中的哪个人成功了，都要分享、庆祝他的成功，以凝聚整个团队的力量。

需要注意的是，我们不能狭义地理解这里的分享，要在分享工作的同时分享生活。

愿景与目标：这个我们前面已经说过，把企业的愿景变成与员工切身利益密切相关的愿景。

战略与决策：让每一个员工都了解公司的发展重心和最新决策，让他们清楚地知道我们要往哪里走。

信息与资源：部门之间、上下级之间要经常进行信息互换、经验交流和资源共享，包括跨领域人才等。

成果与利益：不管是哪个部门的成功，都要在整个团队中分享和庆祝，让每一个部门的人都感受到成功的喜悦。除此之外，团队的收益都要与整个团队分享，拿出利润的一部分奖励员工，等等。

当然，这些方面是交织在一起的，既需要你和员工齐心协力，也需要和他们形成一种“家庭式”的情感，要让他们感受到这是一个“同呼吸共命运”的团队。

当然，分享并不是强制性的。因为每个员工都是独立的个体，拥有私人空间，所以仅限于能推进工作，营造公正、公开、公平、愉快的工作氛围的分享，目的是为实现团队的共同目标与愿景服务。

家乐福曾经向员工推出“利润分享计划”，该计划意在激励公司所有员工努力工作，为公司创造更好的业绩。公司根据完成业绩的情况，拿出一部分利润与所有员工共同分享。员工业绩越好，获得的奖金也就越多。

家乐福中国区前总裁兼首席执行官唐嘉年认为，零售业的核心是团队，家乐福决定拿出公司的一部分利润回报团队的努力，意在使员工关注公司利益，增强团队合作精神，带动同一群组的员工朝着同一个目标一起努力，提高员工对公司目标的使命感。

这种“利润分享计划”产生了很好的效果，成为家乐福与员工之间一种特殊的沟通方式。这种沟通方式不同于传统团队中上下级、部门间一对一或一对多的沟通，而是整个团队上下交叉、无限制的沟通，形式上更加自由，也更加令人放松。

分享不应该仅仅作为一种企业文化，更应该成为一种生活常态，不仅要让每一个员工习惯于在工作中分享，也要让他们与家人、朋友多交流，分享喜怒哀乐。

员工是企业最重要的财富，企业的发展、团队的壮大都来自员工的奋斗。所以，在企业发展的过程中，所获得的利润应该与员工分享。不仅要提高员工的工资待遇，也要在精神方面给予他们情感的依托和成长的助力。

欲先取之，必先予之

法国作家拉·封丹写过这样一则寓言。

> 南风和北风比赛谁能先把行人的大衣脱下来。北风刮得异常凛冽，行人都觉得寒冷刺骨，他们将大衣裹得更紧；而南风则徐徐吹拂，吹散了云层，阳光倾泻在行人身上，没过多久，行人就感受到了暖意，纷纷脱下大衣。

这个寓言也就是著名的“南风效应”的来源。

它告诉我们，要想说服一个人去做某件事情，必须以共情去感染他，以内在情感的共融去满足对方的需求。共情不仅仅是理解和分享员工的感受并对他们的处境做出适当反应，更是了解他们的需求，分享成果满足他们的需求。正因为南风满足了人们对温暖的需求，于是人们纷纷脱下大衣，南风最终取得胜利。你要了解员工真正的需求，只有满足了他们，你才有可能说服他们去做那些你想要他们做的事情。

一家汽车展销中心的业务经理阿道夫·赛兹发现公司的业务员办事没有精神，态度散漫。于是他召开了一次业务会议，鼓励业务员说出对公司的期望。

他把大家的意见写在黑板上，然后说："我会尽量满足大家的愿望。现在，你们知道我对大家的期望是什么了吗？"紧接着他提出了自己的要求：忠诚、进取、乐观、团队精神、每天8小时热情地工作等。

会议结束的时候，大家都觉得精神饱满、干劲十足，有个业务员甚至自愿每天工作14个小时……赛兹报告说，以后公司的业绩果然蒸蒸日上了。

"这些人跟我做了一次道德交易。"赛兹说，"只要我实践自己的诺言，他们自会实践他们的诺言。我征询他们的愿望和期待，这种做法正好满足了他们的需求。"

心理学中的"需求定律"认为，任何人做任何事情都是带有一种需求的，只有尊重并满足了他们的需求，他们才会尊重你的需求。实际上，这就是"欲先取之，必先予之"的道理。人们往往是因为需求什么，才会去做某件事情，例如，工作是为了获得成长、金钱和经验等。对你来说，如果满足了员工的这些需求，他们工作自然就会更加自觉，更愿意自己思考并主动做事。

苏联著名的教育家苏霍姆林斯基曾说："情感是道德信念、原则和精神力量的核心和血肉，没有情感，道德就会变成枯燥无味的空话，只能培养伪君子。”

没有人喜欢接受强硬的推销，或者被迫去做一件事。我们都喜欢按照自己的意思行动，我们喜欢别人征询自己的愿望、需求或意见。

管理学中的“横山法则”同样认为，好的管理是被领导者自发管理。在管理中，员工有了自觉性，做事才会更加积极，没有自觉性也就不会主动做事。如果员工的积极性没有被充分调动，那么就只能靠规矩来压着他们做事，相对来说，管理的成本反而会增高。

用利益维系你我他

几乎每个人都有这样一种心理：只要一件事情、一个项目乃至旁人说起的一条信息与自己的利益挂钩，就会立刻觉得它非常重要。他们会主动去关注它，了解整件事情的具体情况，如果发现自己可以获利，他们甚至会做一些日常不会做的工作。

第一台发电机发明之后，英国著名物理学家法拉第因为缺乏研究资金而向当时的英国首相史蒂芬求助。他带着自己的发电机样机前去拜访首相，向他详细地介绍了自己的发明，而且指出这台发电机能够带来的种种好处，称它具有划时代的意义等。但是首相的反应一直非常冷淡。当首相有些不耐烦、眉头开始紧皱的时候，法拉第说："首相先生，如果发电机能够大范围应用，税收一定可以增加。"恰好是这句话，让首相眼前一亮并立刻改变了原来的态度，非常热情地邀请法拉第详细介绍这个发明。

首相之所以改变态度，是因为法拉第将这件事情与首相最关注的国家利益联系起来。如果普及发电机，就能够带来巨大的利润，而利润增加必然能够让税收增加。

在企业管理中，不少领导者都曾遇到过这样的问题：当向员工派发任务时，有的员工没有兴趣。如果稍微透露这个任务与员工切身利益相关的情报，如关于绩效、奖金或可能会有的公司设备改善等，很容易就会发现有的员工眼睛一亮并特别关注起来。

管理培训专家余世维说："所谓管理，是让员工知道你的规划，理解你的规划，理解你的实施计划和要求，用利益联系你我他。"当你主动与员工分享利益时，你的团队管理将变得非常有效。

田中是一家日资企业的雇员，被派到中国分公司担任制造部经理。一到分公司，他就对制造部进行了改革。但他很快就发现，现场的数据很难及时反馈上来，于是决定强化生产报表。借鉴日本母公司的经验，他设计了一份非常完美的生产报表。报表发下去后，每天早上，工人们将各项生产数据填好后将报表汇总给田中。他很高兴，认为自己拿到了生产的第一手数据。但是没过几天，就出现了一次重大质量事故，这次事故的征兆居然丝毫没有在报表上体现出来。经过调查，他发现报表中的数据都是工人随意填上去的。

为了强化工人对报表的重视，田中多次找工人开会强调认真填写报表的重要性，但每次开会的作用都不大，开始几天会起到一定的效果，但没过几天又回到了原来的状态。田中怎么也想不通。他的苦恼在很多企业领导者中普遍存在。现场的操作工人很难理解他这样做的目的，因为数据分析距离他们太遥远了。大多数工人只知道好好干活，拿工资养家糊口。不同的人所站的高度不一样，单纯地开会强调，是没有多大效果的。

后来，他的一位中国朋友建议他换位思考一下：假如你是工人，你会认真填写吗？反复思考之后，田中将生产报表与业绩奖金挂钩，而且要求干部经常检查，让工人们知道认真填写报表是与自己的切身利益有关系的。这才让他们重视起来。

尽管联系员工利益能够成功激发不少员工的动力，但是你应该知道，公司里总会有一些员工将个人利益放在集体利益之上，他们要先实现个人利益，之后才会考虑集体利益。这样的员工并不认为通过实现集体利益能够实现个人利益。一旦公司遇到了困难，需要员工做出牺牲时，他们往往没有这种觉悟和精神。对这样的员工，如果不能改变他们的想法，即便他们才华横溢，也最好不要用。

如何协调团队利益平衡?

在公司里，总是会存在一种微妙的平衡——团队之间利益的平衡，同事之间绩效的平衡，上司与下属之间进退的平衡，等等。如果不能很好地协调这些矛盾，就很有可能引发影响公司团结和发展的诸多矛盾。

解决这些矛盾常常需要你发挥共情力：如果我是他，我会怎么做？如果他是我，他会怎么想？如果我是他们，需要我怎样协调与他人的利益冲突？

换位思考之后，你就更能懂得对方有什么利益诉求，双方矛盾的焦点在哪里，也更能用对方可以接受的方式进行沟通。协调了双方的利益，才能保障团队合作达成目标。

约翰先生是一家外贸公司的总裁，靠着这些年逐渐成长起来的儿子和公司元老们的支持，公司规模越来越大，约翰先生也得以轻松很多。但是，近日，他非常苦恼，因为儿子和公司的 CEO 发生了矛盾。他的儿子在董事会中占有一席之地，同时也是持股人，但是和这位CEO总是合不来，矛盾早就产生了。

一段时间后，发生了一件让两个人之间的矛盾彻底爆发的事情。儿子私自和一家公司签订了合同，但是没有告知CEO。CEO知道此事后，就威胁说自己要辞职。尽管约翰非常气愤，一度想要痛骂儿子一顿，但事已至此，骂了也没用，也只能将火气压住。

约翰靠在皮椅背上，开始仔细思考：该怎样解决这个问题，让两个人重新合作呢？他让自己放轻松，静下心来，回想儿子这些年来为公司做的贡献、创造的利润，以及当初儿子是如何和那位CEO合作的。渐渐地，他不再觉得气愤，反而想到了好办法。

他将儿子叫来，对他说："首先，我对你在这次事件中的表现非常失望，我也非常不认同你这种行为，但是尽管如此，公司不可能因为我的不认同就取消你已经签订的合同。所以，我现在能够做的是让事情往好的方面发展。你现在告诉我，公司令外人敬仰的地方在哪里，公司的竞争力在哪里，你和CEO两个人是怎么把公司做成现在这个样子的？"

儿子非常惊讶，他本以为父亲会痛骂自己一顿，但是没想到父亲居然向自己提出了这样的问题。一下子，他就明白了，父亲是希望他重拾以前和CEO亲密协作的态度，撇开矛盾，继续合作，让公司发展得更好。于是他开始认真思考这个问题。渐渐地，两个人的对话开始转向如何与CEO合作才能让公司发展得更好。

最终，父子二人解决了这个问题，儿子不再为与CEO的矛盾而烦恼，而且达成了一个促进公司发展的方案。后来，约翰又找来了那位CEO，用了同样的方法，顺利地化解了这次危机。

当双方存在矛盾时，如果相关的问题没有及时得以解决，最初产生的愤怒之情，就会很快变成更加强烈的厌恶之情。如果你能站在中立的立场上，帮助他们把心里的负面情绪释放出来，让双方静下心来认真思考，对化解双方的矛盾将起到重要的作用。你要在矛盾纷争刚刚明朗时把问题摆在明面上，让双方不偏不倚地陈述问题，找出共同关注的部分。必须找到“我们”的共同之处，否则将很难往前推进，找到可以合作的解决方案。

联想集团名誉董事长柳传志认为，当员工之间发生纠纷时，要先分别找他们谈话，不谈具体问题，而是原则问题。然后找出纠纷的关键点，让员工思考解决问题的原则是什么，从大原则到小原则，最后再落到实际问题上。通过将他们的答案进行对比，选择原则更明确的一方。然后等到事情解决之后，再与他们进行沟通，做好总结工作。在柳传志看来，工作中的总结非常重要，只有不断总结，才能不断进步。

如果是跨部门利益有冲突，需要我们在平时与其他部门的同事培养互助人情，这样在需要跨部门协调时会轻松许多；或者通过利益捆绑（利益交换）的方式共同面对问题；要学会理解对方，最好的方式是换位思考或者换岗实习，只有站在对方的位置上，才能按照对方的思维去思考；公司层面为解决跨部门问题，可以采用建立共同价值观的方式，消除部门间的壁垒，这样，跨部门沟通自然不成问题。

但是，领导者在处理员工冲突的时候，最重要的是不能不分大小全部忽视，特别是重要员工之间的冲突。一旦问题越来越严重，矛盾越来越大，公司也就岌岌可危了。

在日常工作中，你常常会发现这样的领导者：员工与员工之间发生了冲突，扔给两个人一句“你们还要闹下去吗？再闹你们这个月的奖金都别拿了”。短时间内大部分员工会息事宁人，但是时间一长，员工内部可能会产生分裂，你在员工心里的地位也会一落千丈。采取这种方法解决员工间矛盾的领导者，通常无法在员工心里树立威信。

要善于给员工荣誉激励

心理学家曾经做过这样一个实验：将实验者分为两组，分别邀请他们对慈善事业进行捐赠。在第一组中，根据他们是否捐赠，给他们分别冠上“做慈善的人”和“不做慈善的人”名号；第二组则没有冠名。当心理学家第二次邀请这两组人员对慈善事业进行捐赠时，被冠名的人明显比没有冠名的人多。

这个实验说明，当一个人被贴上一种标签，他就会有一种印象，认为自己就是这样的人，而为了满足自己的这种印象，他会让自己的行为符合这个标签。从效果上来看，这种标签可以激发人们的热情。

美国著名自然科学家、作家杜利奥认为，没有什么比失去热忱更使人觉得垂垂老矣。也就是说，人的精神状态不佳，一切都将处于不佳的状态。换句话说，工作中没有了热情的员工，其工作成果也不会好到哪儿去。

作为领导者，你应该给员工贴上应有的荣誉标签，这是一种很好的共情管理方式。实际上，每个员工的内心深处都有好胜、争强的因子，因此，授予员工荣誉是激发他们工作热情的一把“利器”。

有一家运输公司，每年都会有约6%的货物被送错地方，因此需要支付约30万美元的赔偿金。之所以造成这样的结果，是因为员工每次都有可能看错送货单。这让公司的领导者非常头疼。

为了降低送货错误率，领导者特别邀请了管理学专家威尔博士前来解决这个问题。威尔博士建议：给所有送货的工人或司机一个“技术员”头衔。

这让公司的领导者有些不理解：仅仅是一个头衔，就能转变这种情况吗？他们对威尔博士的办法将信将疑。威尔博士却坚持说，这是一劳永逸、彻底解决问题的办法。

没过多久，员工的服务质量果然有了大幅度提高。原来始终存在的6%的送货错误率，一下子降到了1%以下，也就是说，仅仅是给了员工一个头衔，就让这家运输公司每年节省了约25万美元。

其实，威尔博士正是使用了共情管理的一种机制：给予他人荣誉感，能对他们的心理起到正面强化作用。这种管理机制能让人们更认可自己的行为，增强自信心。相反，如果是批评和惩罚，就会带来负面影响。

可见，如果能在团队管理中利用好这种机制，运用好荣誉激励，就能激发员工的干劲，即使是面对一些让人提不起精神的琐事或麻烦的工作，他们也能保持积极的工作状态。

如果将这种机制与好胜心结合，就会让员工树立超越自我、超越他人、争取更大成功的目标，对你的团队管理将有重要的推动作用。

“荣誉感”能给人们带来财富、领袖地位，与“能力”更是息息相关。从个人能力出发，人们便会产生不同的心理状态，以佐证自己的能力。

作为领导者，你告诉员工在你心里他们是怎样的人，比起其他人的肯定，往往要有力得多。例如，你直接对某位员工说：“在我看来，你是个非常细致的人，许多错误往往因为你的细致得以避免，所以得麻烦你查验一份文件，挑出有问题的地方，相信以你的能力肯定能做好。”员工往往会觉得，我居然因为细心在领导者心中留下了深刻的印象，看来我得更加细心完成好这份任务，才能够让领导者继续记得我。

给员工贴荣誉标签，他们往往还会认为这个标签里含有你对他们的认可和期望。为了不辜负你的期望，他们往往会更加努力去完成每项工作。而且正是由于你给他们贴上了标签，在他们的认知里，你往往比他们自己博学、有能力。他们会产生这样的认知：既然领导者都如此认定我，那我肯定是这样的人，他都觉得我能做到，那我肯定能做到。这在无形中增强了员工对工作的信心，激发了他们的斗志。

给员工贴荣誉标签固然能激发员工的斗志，促使其努力工作并争取更大的荣誉，但是也应注意避免员工因好胜而急功近利，甚至产生彼此攀比的风气。下面这个故事中的厂长，就很好地利用了人们的好胜心。

有个炼钢车间总是不能完成任务，为了完成任务，厂长亲自到该车间与工人一起加班，有厂长在，工作效率自然比平时高。

临下班时，厂长问一个值班的工人："我们今天炼了几炉？"

"6炉。"工人回答。

于是，厂长要了支粉笔，在车间的地面上写了一个大大的"6"。

夜班工人接班后，见到了这个"6"，便问是怎么回事。白班工人无不自豪地说："这是我们今天的工作成绩，是厂长替我们写的。"

夜班工人听后非常不服气，憋足了劲儿非要超过白班工人不可。

第二天，白班工人接班时，看见地上写了一个大大的"7"。白班工人也不服气，下班时郑重地在地上写下了一个特大的"10"。

就这样，炼钢车间的任务在工人的自觉竞争中顺利完成了。

可见，几乎每个人都希望获得某种荣誉，尤其是希望获得比自己优秀、社会地位比自己高的人肯定，这更能激发自己的无穷干劲。

美国一个纺织厂的老板也采用了这种激励方法。他原本打算给工人们买一些价格较高的新椅子，作为一件普通的福利设施供工人在工作台上休息时使用。

后来，他动了动脑筋，竟把它变成了一种激励机制：任何人超过了每小时的工作定额，接下来的一个月里，就拥有了椅子的使用权。

这还不是最特别的，老板还规定，颁发椅子时，他会请获奖的工人坐在上面，由他亲自将获奖者推回车间，接受工友们的祝贺。

通过向工人授予荣誉的方式，他真的调动起了工人的积极性。“稀缺”的椅子，成为工人竞争的目标，无论是保住它还是抢到它，都成为个人荣誉的象征。

如果想让员工成为优秀的人，就要用正面的语言和情绪与他们互动，给他们贴上正面的标签。例如，要想让人更勤奋，那么就不要批评他“太懒惰”。如果你给对方贴上懒惰的标签，对方就认为自己已经被定性，怎么改也不过如此了。给员工正面的头衔，让员工带着光环去工作，他们便能释放更多的正能量，这同样是在帮助员工成长。

例如，开展优秀员工评比活动，给优秀员工发证书、聘书、奖杯；将员工的名字载入荣誉墙和企业年鉴；以员工的名字命名某项事物等，都是效果很好的荣誉激励方式。“荣誉激励”其实是尊重员工的付出和价值的一种激励方式，因此会让员工迸发出更强的责任感。

EMPATHY MANAGEMENT

第十一章

和员工共成长

“今日之师”的成果分享

想要员工进步，首先要让他们向先进学习，向身边工作做得好的同事学习。每个团队都有一些人工作成绩比较好。

我有一个朋友，在他的公司启动了一个“讲坛”，鼓励员工上台演讲，互相分享经验和想法，内容多种多样，以技能培训、人文分享为主。

“讲坛”开设在公司一个大会议室内。几十张桌椅整齐摆放，正前方有一个 1 米多高的讲台，讲台后方的墙上有黑板和投影仪，俨然一个标准的教室。

开办这个“讲坛”的目的是让员工在相互分享中学习工作经验，同时提高每个人的表达能力、归纳能力。有个员工很优秀，但是很腼腆，他第一次上台分享时，一直很紧张，只会照着稿子念，脚还在地板上不停地踮上踮下，但他依然得到同事们的掌声和鼓励。分享了几次之后，这个员工表现已非常自如，大家从他的分享中学到了工作方法，而他自己的表达能力也得到了很大的提高。有些员工比较内向、不善言辞，我们也要鼓励他们在“讲坛”上锻炼，保证每个员工都能上台分享。

这个促进团队相互学习的方法，我称为“今日之师”。

团队的众多员工中，每天都有一部分人取得了一定的成果。他们做了一些独特的事情，所以才是团队真正的老师。“今日之师”的做法是在内部鼓励当天取得成果的人作为老师站出来和大家分享他今天为什么能取得成果。

具体做法如下：每天下午6：00下班之前，认为自己今天取得成果或有值得分享的事情的同事向上级领导者申请，领导者挑选一个最有价值的案例，让当事人作为“今日之师”和大家分享。

销售部小李在外见了一天客户，下班前回到公司，向领导者申请做“今日之师”，领导者听了小李的报告觉得他今天的成果不错，同时见客户的过程有值得分享的亮点，表示同意。

领导者宣布小李是销售部的“今日之师”。

销售部的所有同事向小李行鞠躬礼并说：“‘今日之师’李老师好。”

小李分享说：“今天我和客户郭总约好上午10点见面，10点的时候我到郭总办公室，他正在很有情绪地打电话，我能感受到他非常愤怒，我做了3件事情：

（1）我一直很安静地和他保持一定的距离，给他足够的空间。他电话一直打到10：20。

（2）中途在他很生气的时候，我默默地给他倒了一杯水，悄悄地放在他旁边。

（3）等他打完电话后，我并没有着急和他谈论我们的业务，而是先排解他的情绪。我说：‘郭总，您一定是一个做事情很认真的领导，否则就不会为了工作和别人生气了。’我认可了他的情绪，谈得更多的是他的情绪，而不是我的事情，所以他觉得得到了我的认可和理解，情绪慢慢缓和下来。后面我们谈事情并没有受到之前他的情绪影响，反而由于我对他的关注和理解，很快和他达成了购买协议。”

小李总结：“作为今天的‘今日之师’最值得和大家分享的有两点。第一，沟通的过程中要先处理情绪再去谈事情；第二，要把焦点放在客户身上，关注客户的状态，而不是只想着自己的业务。”

全体同事鞠躬谢谢“今日之师”的分享。

整个过程不超过 15 分钟，却能让在场的每一位员工有收获和启发。“今日之师”可以作为一种分享文化被制度化，而且每月对“今日之师”进行统计，对优秀者给予鼓励和表彰。

“今日之师”的团队分享方法可以有效地增强员工相互学习和团队力争上游、争先为师的氛围。而“今日之师”也会感受到大家对自己的尊敬和认同，因为那么多人在认真地听他分享，期待从他那里得到启发。这对激发内在动力，增加自信，改变价值观非常有帮助，而且可以从中得到一种特别的为人师的责任感和成就感。听“今日之师”分享的其他人，也能从分享中学习，在交流中迸发出新想法，在互助中成长。这种让员工作为老师分享的文化对打造一支有战斗力的团队非常有帮助。

中国有句古话“三人行，必有我师”。所以，领导者应该建立这种机制，创造这种机会，然后鼓励大家成为“今日之师”，积极分享自己的独到心得。

把未定事项当作既定事项

作为领导者，你常常会遇到员工在解决问题时陷入困惑和苦恼，不明白问题到底出在哪儿，最后如同无头苍蝇般四处乱撞却找不到出口。

作为领导者，不妨将自己的经验提供给员工，帮助他们解决问题。但是，帮助他们也要讲求方法，否则可能让情况变得更糟糕。有时候，虽然领导者想用温和的方式教给员工一些经验，但是如果带着命令的语气，那么员工表面上也许接受，心里未必服气，因此这一点必须特别注意。要知道，当某位员工不知所措、闷闷不乐的时候，如果领导者在一旁干预，那么员工会认为领导者不信任他。

在此情况下，领导者不妨对员工表示：如果是我，我将这么做，你呢？以类似的做法指导员工，不但可以保持自己的立场，还可以将建议自然地传达给员工。这样，领导者的目的便达到了。如果领导者直接指示员工按自己的方法去做，则无法让员工真正学到工作的技巧。

如果领导者能够提供多种方法，让员工有机会自己思考，员工不但会认为是领导者给自己面子，还会增强对领导者的信赖。

还有一种方法是将未定事项当作既定事项。这个方法并不是直接解决员工的问题，而是先引导他们避开困难，然后假设问题已经解决了会出现什么情况。当员工遇到问题的时候，你可以这么问他们："假设问题解决了，你会做些什么？"

约翰是一位非常有才华的销售员，前不久，他刚从竞争对手那里跳槽过来，担任销售部经理一职。在他的职业生涯中，还从未做过管理工作，但在培训期间，他的表现非常优秀。可是他真正上任的时候，问题发生了。

约翰不太清楚应该做什么，于是决定跟员工一起去拜访客户。这个办法不错，可是当他们与客户会面时，约翰的表现更像是个普通销售员。他不仅主导与客户的会面，而且还在客户面前指责员工。在回公司的路上，约翰想跟员工分享自己的经历，于是长篇大论地讲了自己取得销售成功的案例。销售人员忍无可忍，几天之后，前去找总经理吉姆反映情况。

销售人员表示：我们可以理解约翰刚刚来不太适应，可是他这么做是对员工的不信任，他不应该再用对待新员工的方法对待我们。

当吉姆在约翰那儿听完"故事的另一个版本"之后，这么告诉他："约翰，假设今天工作结束后你睡了个好觉，醒来之后员工管理上的所有问题都解决了，你会如何处理这件事呢？”

约翰：“所有的员工都按照我说的去做。”

吉姆：“慢点，约翰。这时候，你还没有起床，只是睁开了双眼，你不知道发生的奇迹是这个，你会做什么？”

约翰：“在洗漱的时候我心情会更好，非常高兴地走进公司，跟我认识的人打招呼，然后开始处理邮件。”

吉姆：“之后你打算做什么？”

约翰：“我会在公司看看我还需要做什么，然后回到办公室用一个小时时间思考。”

吉姆：“接下来呢？”

约翰：“我发现，或许我可以换位思考，从我的员工的角度出发，我发现自己过于强势。我得想想自己当员工时能够接受的事情，我发现那时候的销售经理帮了我很多忙。”

吉姆：“怎么帮忙的？”

约翰：“他从不跟我说我该怎么做，只是问我工作的进展情况、我的计划这类问题。我也可以效仿。我可以不再和他们一起去拜访客户，用这个时间并根据销售配额制订他们的行动计划。”

吉姆：“你还能做什么呢？”

约翰：“我还可以多赞扬我的员工，提出他们可以接受的计划。”

吉姆：“具体怎么做呢？”

约翰："我可以自己先拟订计划，然后咨询一位销售员，问问他，哪些是有效的计划，哪些可以改进，哪些不行，怎样做，他们更能接受这份计划。"

吉姆："就是这样，约翰！现在你已经知道该怎么做了。"

一开始，我们假设问题已经解决了，实际上问题并没有解决，约翰所说的"所有员工都按我说的做"这种情况也无法实现。但是吉姆并没有急着推翻他，而是引导他继续慢慢思考，从这个角度出发，约翰会有怎样的改变，工作情况会有怎样的改变，从而让约翰明白自己现在究竟该做什么。

通过这个案例，我们可以发现，采用"把未定事项当作既定事项"的方法，首先，需要我们有足够的耐心。我们要先明确我们的目标和立场——为了帮助员工解决问题，听取员工的想法。既然是假设，在这个过程中，我们要注意不要否定员工所说的"理想状态"，否则会引起员工反感。其次，我们要一步一步慢慢引导员工去思考细节——每一个可能出现的动作、想法或表情。变化常常从细节开始，换言之，从细节开始的变化往往能够引起大变化。最后，我们不要给员工提供正确的做法，而是要引导员工自己说出改变的方法和行动，让员工认为这些方法都是他自己想出的，都是他自己认同的。

如何进行类似的引导呢？最重要的一点是要"慢"下来。

首先，我们可以让员工设想："假设你今天漫长的工作结束后回家，在睡觉的这段时间里，你遇到的所有问题都解决了。你醒来之后有哪些会跟平时不一样？”这些设想一定要非常细致，即使是情绪的一点儿变化，例如，多了些笑容等。

然后，引导对方不断设想，如果这些问题都解决了，他会做什么，不断使用类似“你会怎么做”“具体有哪些步骤”之类的提问方式，提问一定要细致，要让他知道具体该怎么办，如整理资料，该怎么整理，多久整理完毕等。

再然后，问员工，如果他已经发生了上述改变，做了跟问题解决前不一样的事情，其他员工会怎么发现他已经改变的这件事情。

最后，告诉员工现在奇迹已经发生了，就按照他刚才说的那些去做吧。

给予员工创新的空间

当员工有了目标，有了归属感，就要推动他们去做事。除了做日常的工作以外，他们最需要的是你提供自由创新的空间、理解和宽容的氛围。这是因为，共情不完全等同于建立自由和受保护的空间，但自由和受保护空间的建立需要共情。通过共情合理引导员工创新，有利于他们充分发挥自身的潜能，探索出一条新的发展途径。

遗憾的是，很多公司不重视员工的创意。尽管很多公司都设置了创意收集系统，如建议箱，但问题在于，如果领导者没有热情地采纳新想法，公司拥有再多的现成系统都无济于事。一个无视员工创新的典型例子来自挪威国家铁路公司。

> 挪威国家铁路公司的一名员工曾在上班时间发明了一种将铁轨加固的新方法。这个新方法的问世意味着新铁轨维护起来更加迅速，从而为公司节省了一大笔开支。不幸的是，几年过去了，领导者一直对他的发明不感兴趣。于是这名员工放弃了进一步尝试，带着他的新发明自立门户。这名员工后来将

发明专利授予了一家大型跨国公司，他因此在全世界取得了巨大的成功。因此，当世界上其他铁路公司通过使用他的发明提高工作效率、节省大量成本的时候，挪威国家铁路公司却错失良机。

现在，挪威国家有铁路公司只能亡羊补牢地设立了一个年度大奖——Panderoll 奖，授予那些鼓励员工创新的领导者。

创新当然有风险，但是，开车去超市买一块面包也同样有风险。所有的经济行为都伴随着“高风险”。但吃老本——不创新，比创造明天风险更大。

一位创新者进行了一项基于程序的创新，而且利用它建立了一家航天企业。当人们询问他成功的秘诀时，他说：“我对各位的大作感到困惑。我了解许多成功的创新者和企业家，包括我自己。我从来就没有‘企业家个性’。但是，我所知道的成功者都有一个共同点——他们都不是‘冒险家’。他们都试图找出可能存在的风险，然后尽量将它们降至最低，否则就没有人会成功了。就我个人而言，如果我是一个冒险者，我会做房地产生意或贸易，或者如我母亲所希望的那样成为职业画家。”

创新者都是成功找出并限制了风险的人，他们系统地分析了创新机遇的来源，然后专注于挖掘这个机遇并充分利用它。成功的创新者是保守的，他们不得不如此。他们不是专注于风险，而是专注于机遇。

我们经常说，员工必须擅长思想感知，即吸收新思想。思想感知能力与创造力是有区别的，创造力是指经常冒出一些新点子，而思想感知能力是发现新想法并运用它们。

在团队中，对那些提出创新的人，不论他们是否是公司员工，都应该奖励。企业不仅应该拥有鼓励员工拿出好想法或者收集这些想法的机制，还必须营造一种能够最大化地把想法转变为现实的文化。不能被实施的想法就不是好想法。另外，在实施想法之前尽量缩短慎重思考这个想法到底如何的时间，可能会更快且成本更少地把想法变为现实。

那么，如何提高团队成员的思想感知能力和创造力呢？

迪士尼公司创始人沃尔特·迪士尼运用了非常特别的使用头脑的“心略”。他的公司在他去世多年后仍然非常成功，是因为他用不同的方式分别为梦想家、实干者和评论者处理问题。这种策略被称为“迪士尼策略”。

下面为三个角色的比较：

1. 梦想家思考方向：

我想要什么？可以有什么选择？最理想的情况是什么？有什么突破性构想？

2. 实干者思考方向：

怎样具体执行？怎样才知道达成了目标？由谁执行？何时完成？

3. 评论者思考方向：

在什么情况下我并不想执行这个构思？如果这个构思最终失败

了，原因是什么？哪些人会反对？有哪些因素会导致这个构思不能执行？

大多数人的思想过程，或者是一群人开会，都是把梦想家、实干者、评论者的角色混在一起。例如，一位同事提出一个新点子，立即被另一位同事（可能是他的上司）狠狠地否决了，结果，他再也不敢提创意了。

练习 (两人一组，每人 20 分钟)：

1. A 请 B 选择一个其很希望能变得非常有创意的事件或情境，如一个必须解决的问题，然后尽力去完成它。

2. B 以脱离的心态，站在梦想家的角度，想象一幅最理想的图景，看到自己在其中，面对上一个步骤所指的事件或情境，能尽情施展，发挥到最好，一旦整个图景建构好之后，记下你所站的位置，然后往前走几步，继续下一个步骤。

3. B 再站在实干者的角度，将自己化身为梦想中的主角，体会身历梦境时会有哪些感受，这些感觉真实吗？获得真实的感觉后，记下你所站的位置，然后退到一旁，继续下一个步骤。

4. B 再站在评论者的旁观角度评估整个情况，此时你既脱离梦境，也不站在实干者的位置，以口头方式对梦境加以评论，而且提供一些改进的建议，记下你所站的评论者的位置。

5. B 回到梦想家的角度，而且根据其他两个角度所得到的看法，修正自己理想中的梦境，重复步骤 2 至步骤 5，直到在每一个角度位置上都得到满意的结果为止。

6．假如梦境中还包括其他人，则进入第二人称立场，化身为对方，以便了解梦境对其意义是什么，而且亲身体验其在梦境中的感觉，如果对方有任何不满意的地方，则回到步骤 2，继续对梦境加以修正，直到所有相关的人都能满意为止。

7．未来模拟，在想象中好好去享受这段经验，就仿佛是已发生在未来的某一个真实时刻一般。

8．角色互换。

除了以上方法，我们提高员工思想感知能力的方法还有：

1．制作“创意板”：前面我们提到了“梦想板”的制作方法，“创意板”的制作也是一样的道理。我们要制定一个创意手册，将“创意板”作为一种机制和文化来执行。

2．去新环境获得新感知：经常给员工换换环境，去一些非工作场合，如郊外，或者与其他团队交叉互换体验等。

3．集思广益：可以是员工之间的创意交流，也可以是团队以外的交流，甚至包括登报、网上悬赏，等等。

帮助员工找到成长方向

有的领导者会问：我的团队离职率比较高，是不是因为我给的待遇不好？

很多调查都表明，导致员工离职的首要原因是不被上级认可；其次是没有成长空间，学不到本事；第三是待遇不好。所以，要在认可员工并帮助他们成长上下功夫。认可的力量我们在前面已经讨论过了，这里重点探讨帮助他们成长。如果员工在团队中找不到方向和存在感，也看不到成长的空间，就会在日复一日的重复工作中产生厌倦感，时间一长，就会有辞职的念头。

作为领导者，需要懂得用巧妙的手段激励员工，而不是借助强硬手段增加他们的心理压力。如果想让他们踏踏实实地为企业服务，就要给予他们足够的上升空间，这样才能提高他们的工作积极性和创造欲望。你能否帮助他们找到更好的发展空间，能否让他们看到美好前景，是对你管理能力的考验。

IBM（国际商业机器公司）中国有限公司每年都要进行一

次绩效考核，根据考核结果分为一、二、三、四等，其中确定第四等为“不合格”。对于“不合格”的员工，IBM一般会进行具体的分析，而且给予改正和提高的机会。IBM不能容忍员工犯两种错误：一是违法；二是违背职业道德。如果有人犯了这两种最不能容忍的错误，就会被开除。当然，开除员工是IBM的硬性制度，使用得不多，更多的是积极为考核“不合格”的员工提供培训机会。

沃尔玛的用人原则曾出现过明显的变化，由原来的“获得、留住、成长”转变为“留住、成长、获得”。这充分体现了沃尔玛对员工的培养方针，从人才匮乏时由外部聘用转变为从原有员工中培养、选拔优秀人才，让员工感觉到自己有更大的成长空间，这样员工也就有了留下来的意愿。

共情力强大的领导者能够为每个员工的未来着想，帮他们制订适合他们的成长计划，而且会创造宽容、温暖、向上的工作环境，帮他们实现目标。共情在领导团队过程中发挥了积极的作用，有助于提高员工的敬业度和生产效率！只有帮助员工实现了个人成长，才能实现团队的快速增长。

为勤奋上进的年轻员工提供发展空间，是麦当劳最吸引人的地方。这个机会是从做琐碎的小事开始的。也就是说，每一位刚进入麦当劳的年轻人，不论他具有什么学历，一律都要从头做起：炸薯条、做汉堡、烤牛排、每天擦洗两次门窗。这也是每一个走向成功的麦当劳人的必经之路。

在麦当劳的创始人克洛克看来，如果一个人缺乏在各阶段进行尝试的实践和经验，那么他不可能以管理者的身份对他人进行监督和指导。事实上，无论是收付款，还是炸薯条，或者是制作各种冰激凌，任何一个岗位都可以培养出未来的管理人才。

就年龄而言，麦当劳的经理与员工同样年轻。每个经理都要管 100 多人的中型餐厅，而他们的平均年龄仅为 25 岁左右。这种情况在其他公司简直是让人难以想象。年轻人进入麦当劳后，首先要从事一些最基本的琐碎工作，这个过程一般持续 4 ~ 6 个月。此后，有才能的年轻人被晋升为一级助理，他们除了抽出一定的时间负责餐厅工作外，还要承担起如进货、排班、计划、统计等管理工作。这样，他们可以在小范围内发挥自己的管理才能，并在日常实践中摸索和积累经验，进一步协调好职责内的工作。

麦当劳为已被提升为餐厅经理的年轻人提供了充分的发展空间，只要业绩优秀，就可以晋升为监督管理员，也就是说，同时负责三四家餐厅的监管工作。三年后，监督管理员将晋升为地区顾问。到那个时候，他将担任总公司的“外交官”并被派驻其下属的企业。而作为公司一个地区的全权代表，他们责任重大，将是公司经营哲学的传承者和公司标准的捍卫者。

当然，成绩优秀的地区代表仍然可以晋升，成为更大区域的代表，地位可高达麦当劳某个国家或行政区的副总经理、总经理或董事长。麦当劳有别于其他公司的重要特点是：无论管理人员多么有才华、工作多么出色，如果他没有预先培养自己的接棒者，那么公司将不考虑其升迁。这是麦当劳公司的一项重要规则，它保证了麦当劳的管理人才不会出现断层。由于这关系到每个人的前途和声誉，所以管理者都会尽一切努力培养接班人，并保证为新来的员工提供成长的机会。

优秀的领导者具有三点特质，首先是眼界开阔，其次是心胸宽广，最后是超越伯乐。超越伯乐，是指领导者愿意培养出比自己更优秀的员工，愿意给员工提供上升的空间。优秀的领导者会通过成就员工来成就自己。所以，作为领导者，你要了解每个员工的过去、现在，规划他们的将来，要通过帮助他们制订未来的职业成长计划来激励他们学习和成长，给予他们广阔的成长空间和机会，使他们展现出更大的潜力。这样，整个团队甚至公司才能向前发展。